黒川敦彦

ソフトバンク「巨額赤字の結末」と
メガバンク危機

JN053016

講談社+α《プラスアルファ》新書

はじめに――金融危機はこれからが本番

新型コロナウイルスの感染拡大で、飲食店やテーマパーク、百貨店、アパレル、ホテルなど多くの企業が壊滅的な打撃を受けました。なかには資金繰りに行き詰まり、会社更生法を申請したり、営業継続を断念する会社も出てきています。

当然、そうした企業に勤める人たちや、派遣社員、アルバイトなどの形で収入を得ていた人たちも大打撃を受けました。

危機はいつも、もっとも弱い立場の人から順にダメージを与えていきます。家族経営の商店、駅前のラーメン屋、アルバイト店員、中小企業の派遣社員……。政府は全国民一律10万円の給付を行いましたが、とても足りません。飲食店や旅行業、エンタメ産業などはコロナ危機が去ったあとも回復までに数年を要すると予想されていますから、その間、生活に困窮する人たちが出てくるでしょう。

その一方で、「けっして潰れない企業」もあります。

アメリカでは、世界一の航空機メーカー、ボーイング社に政府が5兆円規模の支援を行うことが検討されています。日本でも、ＪＡＬやＡＮＡ、トヨタ、ホンダ、マツダ、ＪＲ九州など、有数の大企業が続々と銀行の融資枠を設定すると公表しました。要するに、なにかあればすぐに銀行から数千億円単位の資金を注入するということです。

２００８年のリーマン・ショックのときも、巨大金融会社のリーマン・ブラザーズが倒産したことに目が行きがちですが、じつはほとんどの企業が政府の支援によって生き延びています。

つまり、「大企業は救われ、中小は潰される」のです。

新聞、テレビなど大手メディアは彼ら自身が大企業ですからけっして口にしませんが、これが資本主義社会の現実です。

そして、中小企業に勤める人、個人事業主が最初に犠牲になることは、先ほど述べたとおりです。

世界的なコロナ・パンデミックに伴う経済危機でも、各国の政府は同様の動きをしています。つまり、その国にとって「必要な」企業を救う一方で、中小企業には経営支援と称した援助や融資は行われますが、危機を乗り切るにはまったく不十分です。私は、中小企業の資金繰り難が２０２１年はじめにも顕在化してくると見ています。

「勝ち組」「上級国民」などという人もいますが、大企業に勤めるサラリーマンたちは、コロナ危機でもどこか余裕がありました。「どうせ会社は潰れない」と思っているためか、外出規制の２ヵ月間を、まるで長いゴールデンウィークのようにのんびり過ごした人もいます。

これが「格差」です。政府の傘の下にいる大企業、そしてその傘の下にいる「勝ち組」サラリーマンたち。

しかし、私はリーマン・ショックのときとは違う事態がいま、足元で進行しているのではないかと思っています。私は前著『ソフトバンク崩壊の恐怖と農中・ゆうちょに迫る金融危機』やユーチューブの「オリーブの木チャンネル」で、「近々、リーマン・ショックの数十倍の金融危機が訪れます」と繰り返し述べてきました。なぜそう断言できるかというと、膨張しきった金融資本は、そもそも破裂することを宿命づけられているからです。

イエール大学教授のロバート・シラー氏は2000年に"Irrational Exuberance"(邦訳は『投機バブル　根拠なき熱狂』ダイヤモンド社　2001年)という本を刊行し、インターネット・バブル(ドットコム・バブル)の崩壊を予言したとして話題になりました(シラー教授は、2013年にノーベル経済学賞を受賞しています)。企業名にドットコムとつけさえすれば巨額の利益が約束されているような「根拠なき熱狂」が市場を歪め、株価を過大に膨張させているとシラー教授は説きました。

ネット企業のなかには、将来性のあるものもあれば、ないものもあります。経営者にも、非常に優秀な人もいればその逆の人もいます。ネット企業のすべてが、高い将来性を持つわけではない——投資家がそのことに気づいた瞬間、バブルは崩壊しました。

いま起きていることは、投資バブルの世界的拡大です。しかも、バブルが起きているのは、アメリカの株式市場だけではありません。世界中です。国際金融資本の巨額の資金が、株式市場だけでなく、債券、仕組み債、リート(不動産投資信託)、先物などあらゆる市場に流れ込み、膨張に膨張を重ねています。

コロナ・パンデミックによって2020年3月に世界の金融市場が急激に収縮し、金融危機が意識される局面がありました。しかし、アメリカ、ＥＵ、日本など各国政府が巨額の財政出動をし、株価は１ヵ月でほぼ元に戻りました。

しかし、危機が去ったわけではありません。

金融界は、金融システムの見直しや規制強化をすべきときに放置し、それどころか金融工学を駆使して、ハイリスクの金融商品を世界中にばら撒《ま》いています。

それを支えるようにＦＲＢ（アメリカ連邦準備制度理事会）や日本銀行、ＥＣＢ（ヨーロッパ中央銀行）が強力な金融緩和を行い、世界中に信じがたいほどのマネーが溢れています。

私は、コロナショック直後から「オリーブの木チャンネル」で繰り返し、こう述べています。

「金融危機はいま始まったばかりです。なぜなら、広い意味ではリーマン・ショックはまだ終わっていないからです。あのとき、金融バブルがしぼんでいないとおかしいんですが、そうせずに、さらなるバブルを膨らませて、臭いものにフタをしてやってきた。その矛盾がいま、表れているのです。金融危機はこれからが本番です」

ＦＲＢや日銀、ＥＣＢなどの金融当局は今回もリーマン・ショックのときと同じ方法で大企業を救おうとしていますが、次に訪れる金融危機は、過去に経験したことがないほど巨大なものになる可能性が高いのです。

なぜなら、世界中の政府が自国の紙幣を刷りまくり、借金をしまくって資金を供給し、それによって信じがたいほどのマネーが金融市場に流れ込んでいるからです。

日本の土地バブルの主犯は不動産業者や銀行、ノンバンクでしたが、世界バブルの主犯は各国政府と中央銀行です。ふくらんだ風船の大きさが、まったく違います。それが弾けたときの衝撃も、また強烈なものになります。

私だけでなく、金融業界に勤め、一定の知見がある人であれば「間もなく金融危機が訪れる」と感じているはずです。実際、私自身財務省の中枢にいる人からそうした声を耳にしたことがあります。しかし、業界内にいる人たちは立場上真実を語れないのか、真実から意図的に目を背けているのでしょう。

「金融市場は、欲望と恐怖の両極の間を揺れ動く」という格言があります。恐怖が去れば、欲望がふたたび顔を出す。欲望に衝《つ》き動かされて走った先に、恐怖が待っている。

２０２０年3月中旬、新型コロナウイルスの感染拡大の影響が想像以上に大きいとわかったとき、株式市場や石油の先物など金融商品が軒並み大きく値を下げました。私が注目したのは、金の価格が下落したことです。「有事の金」といわれますが、このとき、金価格は1割ほど下落しました。

株式も、債券も、金も信用できない投資家たちは、どこへ向かったのか——それは現金です。

FRBのデータによると、2020年4月第2週のドル紙幣の流通量は2ヵ月前に比べ5・1％も増え、1・8兆ドル（192兆6000億円）となりました。「自粛」で現金の需要はないはずですから、巨額のドル札が、金庫にしまいこまれたということです。

世界の富裕層と呼ばれる人たちは、コロナショックが起きるといっさいの金融商品（金でさえも）を信用することができなくなり、瞬間的に巨額の現金を引き出して自宅に持ち帰ったのです。そんなに現金を持っていて、もし泥棒に狙われたら、とついつい考えてしまいますが、泥棒よりも金融崩壊のほうがずっと怖かったということでしょう。

現代のアメリカではクレジットカードによる決済が一般的で、高額紙幣はほとんど使われなくなっていますが、100ドル札に描かれたベンジャミン・フランクリンも久々の出番に驚いたのではないでしょうか。

その後、アメリカをはじめ各国政府が巨額の財政出動を発表し、中央銀行もゼロ金利に加え社債やコマーシャルペーパー（ＣＰ：短期資金調達目的の無担保約束手形）を大量に買い入れると発表したことで、株価は急激に値を戻しました。ＦＲＢは、いままで絶対に手を出さなかったジャンク債まで買い入れるとしていますし、日本銀行は社債、ＣＰを「無制限に」買い入れるとしました。

これによって、いったんは金融市場の崩壊は食い止められています。しかし、金融崩壊の恐怖は、去っていません。

前述したドル紙幣の事例でご理解いただけるように、金融は心理ゲームです。ケインズはかつてそれを「美人投票」と表現しましたが、多くの人が「危ない」と思った瞬間に、価格は崩落します。

コロナショックの以前と以後でもっとも大きな変化は、多くの人が、「これまでとまったく違う、新しい時代に突入した」と実感したことです。その恐怖心理は、何かの拍子にかならず表出します。経済の舵が折れ、漂流している状況なのです。

金融が本来なすべきことは、投資家に対し、健全かつ有益な投資のチャンスを提供することです。また公平に資金を循環させ、企業の成長を促したり、市場の拡大を手助けすることです。

しかし、ウォール街に代表される金融資本家はよりリスクの高い金融商品を作りつづけ、「ユニコーン」「ＡＩ（人工知能）」などという言葉に代表されるようにありもしない市場を捏造《ねつぞう》し、投資家を騙す術を磨きつづけています。

「Ｕｂｅｒ（ウーバー）」「ＷｅＷｏｒｋ（ウィーワーク）」などは、ＡＩとはほど遠い残念な実態が明らかになりました。ウィーワークはＡＩ企業の衣をまとっただけのただの不動産転貸会社で、年間２８０４億円の赤字企業にもかかわらず、ゴールドマン・サックスなどの投資銀行が株式公開を持ちかけ、一時は「６００億ドル水準で公開される」と語られていました。まだ一度も黒字となっていないベンチャー企業の評価額が６兆５０００億円というのは、明らかに過大でした。

これらベンチャー企業の株を中心に10兆円規模の運用をしていたソフトバンク・ビジョン・ファンドはコロナショックの直撃を受け、ソフトバンクグループは２０２０年１～３月期の業績で、営業損益が１兆４３８１億円の巨額の赤字になりました。たった３ヵ月でこれだけの赤字を出したのです！

金融資本家に翻弄されている日本企業はソフトバンクだけではありません。ゆうちょ銀行や農林中央金庫（農林中金）、地方銀行（地銀）などの金融機関もまた経営の母体が揺るぎかねないほどの元本保証のない金融商品・外国債券をつかまされているのです。

ゼロ金利政策で、好景気に沸いたアメリカでも、コロナショックで米国債の10年利回りがついに０・４８％となりました。０・５％以下になるのは史上初です。

各国政府が巨額の国債を発行して財政出動しているため、ゼロ金利政策は今後もしばらく続くでしょう。

アメリカの国債に引きずられる形で、日本国債も10年物の金利がマイナス０・２％となりました。国債を持っていると損をする、という考えられない事態です。

昔の銀行は、金利差を利用して資金を回転させるだけで利益をあげることができましたが、ゼロ金利が定着すると、銀行をはじめとする金融業界は本業の融資では利益を出せません。金融業が金利で稼げなくなり、何をしたかといえば、金融資本家の組成した元本の保証されていないハイリスクな金融商品を大量に購入したのです。ＣＬＯ（Collateralized

Loan Obligation：コラタラライズド・ローン・オブリゲーション＝ローン担保証券）などのアルファベット3文字のわけのわからないものを買わされました。

国内最大規模の機関投資家で、海外市場では日本最大のヘッジファンドとして知られる農林中金がウォール街で何と揶揄《やゆ》されているかご存知でしょうか。

勧められるがままに大量に債券を買ってくれる農林中金は、欧米の金融資本から「ゴミ箱」と呼ばれ、馬鹿にされているのです。農林中金が、世界最大のCLO投資家であることはよく知られていますが、コロナショック後の3月末の決算で、一挙に4000億円以上の評価損を出したと公表しました。ソフトバンクの1兆4381億円には及びませんが、それでも凄まじい金額です。

5月27日の記者会見で奥和登《おくかずと》理事長はその点を問われると、

「CLOと同じようなリターンを得られる投資はなかなかない」

と今後もCLOへの投資を続けていくことを明言し、

「アメリカの投資先企業の半分程度が倒産する事態にならない限り、当金庫が保有するCLOの価値は棄損しません」

と主張しました。ゼロ金利下で資産を増やすには、他に道はないといいたげです。しかし、その先に崖が待っているかもしれません。

農林中金の本来の仕事は第一次産業で汗を流す農業や林業や漁業の方に必要な融資をすることです。それを忘れ金融資本家から「格付けトリプルAの、安心な債券です」といわれ嬉々として購入しています。

これと同じ構図はゆうちょ銀行でも起きています。元本保証のないハイリスクな金融商品をゆうちょ銀行や農林中金が大量に保有しているのです。

ジャンク債が不良債権化するのも時間の問題です。ゆうちょ銀行の原資はもちろん皆さんのゆうちょマネーです。農林中金の原資も額に汗して働く農家をはじめとする皆さんの預金が基盤となっています。皆さんの老後資金や農家の皆さんが汗水垂らして貯めたお金がどんどん溶けていくのです。

私は前著から繰り返しＣＬＯの危険性を指摘してきましたが、６月に入り、日本銀行金融機構局と金融庁監督局がレポートを発表し、まったく同じような指摘をしました。

日銀と金融庁の調査によると、日本の金融機関が保有するＣＬＯの残高は、２０１６年末から２０１９年９月の間に５兆円から13兆８０００億円に激増し、２・７倍に膨れあがっています。世界のCLO残高82兆円のうち、約17%を日本の金融機関が保有している計算です。

なかでも、8兆円ものCLOを保有していた農林中金は、危険性を指摘されるたびに「当金庫が保有するCLOはすべてAAA格付け」と主張していますが、日銀・金融庁リポートはこう反論しています。

〈CLO投資を巡っては、同じ格付であっても、運用を担うマネージャーによる裏付け資産の選定・運用の巧拙や、裏付け資産の適切性に起因する銘柄間の格差が存在する。（中略）したがって、外部格付に過度に依存することなく、CLOの個別性を踏まえたリスクの適切な把握、管理態勢を整えることが重要である〉

簡単にいえば、「AAA格付けだからといって、安心だとは限らない」ということです。

実はゆうちょや農林中金だけでなく、日本の生命保険会社も同様です。

2000年に千代田生命、第百生命、協栄生命、大正生命が破綻し、2001年に東京生命、2008年に大和《ヤマト》生命が破綻、外資系保険会社に吸収されました。その主な理由が「低金利政策による逆ザヤ」です。「100万円積み立てると満期で300万円」というような、いまでは考えられない高金利商品の利息を払えなくなったのです。

私がいちばん問題と感じるのが、大和生命の破綻です。大和生命は保険料収入の低迷をカバーするために高リスクの金融商品に手を出してしまい、巨額の損失を抱えて破綻に追い込まれたのです。これと同じことがいまの生保にもいえるのです。

保険上位10社が保有する外国証券の合計が57兆9101億円もあります。米国債のような安全な運用もありますが、ハイリスクな金融商品も含まれています。仮に円高と相場暴落で30%毀損されると17兆3000億円が消えてなくなる計算です。

情報公開がもっとも進んでいる第一生命を例にとると、2019年度末時点で「社債、株式、外国証券、その他の証券」が16兆3450億円あります。金融危機で20%損失するとすれば3兆2690億円です。純資産合計が2兆5500億円ですから、債務超過に陥る計算となります。

もちろん、金融危機が起こらなければ、危険な金融商品も「金利が高い」、「利回りの良い商品」です。

ただ、いったん金融危機が起これば、相場に合わせて暴落し、元本保証もされません。泣きを見るのは生保会社の金融商品を買った皆さんです。

この後、世界経済はどうなるのでしょうか。

新型コロナウイルスの感染拡大がある程度まで収束すると、世界中にばら撒かれた莫大なマネーによって、新たな金融バブルが訪れる可能性が高いと、私は考えています。莫大なマネーで土地バブルも起こるでしょう。

余りに余ったお金が世界を駆けめぐりますが、肝心の金融制度は変化していないので、金融業界の中で回るだけで、庶民の生活にはほとんど影響がないでしょう。それどころか、前述したように中小・零細企業は政府の援助が止まった瞬間、苦境に陥ります。当然、そこで働く人たちの雇用、収入にも大打撃となり、「モノを買う人たち」がいなくなってしまうでしょう。つまり、今回の危機はコロナウイルスの感染拡大が実体経済を直撃し、実体経済の落ち込みが金融市場に波及するという、リーマン・ショックのときとは逆の流れになります。

世界中にばら撒かれたドルが行き場を失い、ハイパーインフレを起こして、力尽きるでしょう。崖に向かって進んでいるにもかかわらず、「もっと儲けたい」とアクセルを踏みつづけ、踏んで踏んで、突き進んでいく暴走自動車です。

真の金融危機が訪れるのはここからです。世界の基軸通貨であるドルがハイパーインフレを起こしてクラッシュしたとき、想像もつかないほどの巨大な恐慌が訪れます。

そうなったとき、いちばんの被害者は、例によって中小企業や個人事業主、派遣社員、アルバイト生活者です。

しかし、リーマン・ショックの数十倍と予想される危機が起きれば、いままで安穏としていた大企業のサラリーマンも危ないかもしれません。政府に大企業や「上級国民」を救う余裕がなくなれば、「まさか」と思われていた名門企業でさえ倒れるかもしれません。

金融バブルは、国家の枠を超えた規模まで膨らんでしまっているのです。

いまはまだ地獄の一丁目です。これからさらに深い深い地獄の底に向かっていきます。

ソフトバンク「巨額赤字の結末」とメガバンク危機◉目次

第2章　日本の大企業を襲う金融危機

第3章　世界金融の番人・FRBと日銀

第４章　特別会計の闇

第５章　ベーシックインカムで日本経済は甦る

第1章　ソフトバンク巨額赤字の真相と崩壊の足音

ってきています。

「原発爆発級」の大赤字

私は前著で、「ソフトバンク崩壊の恐怖」を指摘しましたが、その足音がひたひたと迫っています。

コロナショックで多くの企業が大幅に業績を低下させたり、赤字に転落しましたが、なかでももっとも大きな打撃を受けたのが孫正義社長率いるソフトバンクグループです。

同社の２０２０年３月期の連結営業損益は、９６１５億円の純損失という天文学的な赤字となりました。この赤字額は、事業会社としては過去３番目で、1位は福島第一原子力発電所の事故直後に東京電力が計上した1兆２４７３億円です。ちなみにソフトバンクグループの赤字は、営業損益でみると1兆３６４６億円で、ソフトバンクは「原発爆発」級のダメージを負ったといえそうです。

市場は当然、敏感に反応しました。ソフトバンクグループの株価は２０２０年３月19日（奇しくも私の前著の発売日です）には２６８７円と年初来高値から53％も暴落、その後値を戻していますが、同社の株主にとっては、ジェットコースターに乗っているような、気が気でない毎日でしょう。

私は前著の刊行以前から、同社が「ソフトバンク・ビジョン・ファンド」を中心とした巨大な投資会社に変貌しているうえ、その投資先の多くが危うさを抱えていて、国際金融資本の餌食になっていると繰り返し指摘していましたが、不幸にもその予測が的中した形になってしまいました。２０２０年3月期決算では、ビジョン・ファンドで1兆８６９２億円もの投資損失が計上されたのです。携帯電話日本3大キャリアのひとつであるソフトバンクは毎年、６０００億〜７０００億円もの利益をあげる超優良会社ですが、その巨大な利益をビジョン・ファンドがあっさり食いつぶし、さらに「原発級」のダメージを与えました。

しかし、問題はビジョン・ファンドだけにとどまらないことが事態をさらに深刻なものにしています。

ソフトバンクの投資活動は重層的で、親会社のソフトバンクグループ、さらにソフトバンクグループの傘下にある携帯電話事業会社のソフトバンク、同じく傘下にあるポータルサイトのヤフー、そしてもちろんビジョン・ファンドなど、グループ企業がそれぞれ投資活動を行っています。そのためグループ全体の有利子負債は14兆２７２２億円という巨額に膨れ上がっているのです。

それに加えて、同社総帥の孫正義氏自身が、個人で数千億円もの借り入れを行い、「これ」と見込んだ企業に対して投資を行っています。経済誌『フォーブス』によると、孫氏の個人資産は205億ドル（2兆1935億円）にも及ぶということですから、数千億円くらいの投資は問題ないと思われるかもしれませんが、実は前述した2020年3月の株価暴落時に、孫氏の借り入れは重大な局面を迎えていました。それについては後述します。

需要が消えてなくなった

ビジョン・ファンドが、「原発級」の赤字を出した理由はハッキリしています。88社におよぶ投資先企業の業績が、ボロボロになってしまったためです。

孫氏が30億ドル（3200億円）もの出資を決めた、「WeWork（ウィーワーク）」は上場を目前に控えた2019年秋、創業者のアダム・ニューマン氏の乱脈経営や利益相反が次々に発覚し上場延期となりました。ウィーワークの企業価値は470億ドル（約5兆円）におよぶと評価されていましたが、80億ドル（約8600億円）に急落しました。

ウィーワークは2019年に22億ドルの損失を計上し、各国でレンタルしているオフィス家賃について、所有者と再交渉を進めています。

ソフトバンクはウィーワークを「革命的なテック企業である」と持ち上げていました。テック企業とは、情報技術のテクノロジーに秀でた企業、という意味ですが、私にいわせれば、右から左に流すだけの不動産転貸業です。

ウィーワークはニューヨーク、ロンドン、東京など世界中のビジネスセンターでビルを借り上げ、それをレンタルオフィスとして貸し出しています。しかし新型コロナウイルス感染拡大による都市封鎖、出勤停止の環境では、オフィスのニーズはありません。世界の一等地にあるウィーワークのコワーキングスペースはガラガラになってしまいました。誰が考えても、巨額の赤字を免れません。

格付け会社大手のS&Pグローバル・レーティングはウィーワークを経営するウィーカンパニーの格付けを「シングルBマイナス」から「トリプルCプラス」へと引き下げ、ウィーカンパニーの社債価格は暴落しました。

ビジョン・ファンドの投資先には、インドのホテルチェーン「OYO（オヨ）」もあります。インド、中国をはじめアジア各国にオヨブランドのホテルを展開しようとしていた矢先、コロナショックが発生。当然、ホテルに泊まる人などいません。需要が、消えてな

オヨのリテシュ・アガルワルCEO

くなってしまいました。

「不動産業界のＡｍａｚｏｎ」といわれたオヨは２０１３年にリテシュ・アガルワル氏が当時19歳で立ち上げた会社です。既存の中小ホテルとフランチャイズ（ＦＣ）契約を結び、ＡＩを利用して宿泊料を設定。経営をサポートする見返りに売り上げの一部を受け取るビジネスモデルを考案しました。インドネシアや中国、イギリス、日本など世界80ヵ国で事業を展開していますが、新型コロナウイルス感染拡大で観光産業が壊滅的な状況になると、オヨが契約するホテル・旅館も閑古鳥が鳴くようになりました。すでに５０００人をリストラしましたが、コロナショックで数千人を一時帰休扱いにしています。

大口投資先には、配車アプリの「Ｕｂｅｒ（ウーバー）」もあります。ビジョン・ファンドが77億ドルを投入し、出資比率16・３％で筆頭株主になっています。ニューヨークのタクシー業界を壊滅させた、「スマホで呼ぶ白タク」業ですが、コロナショックで、タクシー需要も激減しました。

3社とも、都心に人が集まることを前提としたビジネスなので、そろって討ち死に状態です。ウーバーの一部門であるウーバーイーツは、外出自粛の際に重宝されましたが、売り上げはウーバー全体の2割程度で、8割減に低迷した本業のタクシー事業の欠損を埋めるには到底足りません。

潰したほうが安くつく

私は、コロナショックが起きる前から、この3社に疑問を呈してきました。

プライベートジェットのなかでマリファナパーティに浸るなど、ウィーワークの創業者ニューマン氏の素行の悪さはしばしば報じられていましたし、そのニューマン氏に「もっとクレイジーになれ」と言った孫氏にも問題があったと思います。

2019年11月の決算発表で、孫氏はウィーワークの再建策を発表し、さらに1兆円の事業資金を融資するとしました。「もはやあとに引けない」ということなのでしょうが、私にいわせれば、ウィーワークはもはや負け戦《いくさ》です。勝ち目はありません。いくらカネをつぎ込んでも、砂漠に水を撒くようなものです。

ここまで来たら、ハッキリいって、ウィーワークは潰すほうが安くつくと思います。これまで投入した2兆円がパーになりますが、これ以上再建にこだわっているとさらに多額の資金を投入するはめになり、傷口を広げる可能性が高いのです。孫氏も、それはわかっているると思うのですが、「いまさらやめられない」のでしょうか。それとも「メンツの問題」なのでしょうか。

ガダルカナル島防衛戦やインパール作戦など、旧日本軍の将軍たちは敗色濃厚な戦いでもメンツにこだわって退却を許さず、将兵に多くの犠牲を出しましたが、ウィーワークはまさにそんなドロ沼の戦場です。

実はソフトバンクのウィーワーク救済策は、早くも暗礁に乗り上げている気配があります。ソフトバンクは再建策のひとつとして、既存株主から約30億ドル（約３２００億円）相当のウィーワーク株を買い取ることを発表していましたが、それを反故《ほご》にしたのです。そのため、元役員二人から訴えられましたが、それも仕方ないと思っているようです。もしかしたら孫氏は、近い将来、ウィーワークについて大きな決断をするかもしれません。

オヨの中身も、相当なひどさです。

オヨは日本市場に進出するにあたり、多くの既存ホテルに提携を呼びかけたほか、大量の新規採用を行いましたが、採用された人たちによると、オヨはどうやら日本のホテル業や労働法制について十分な知識を持っていなかったようです。

業績が思うように伸びないため、一度採用した社員をあっさり解雇しようとして、それが日本の法律で認められていないことを知ったというのです。コロナショックが起きると従業員の一時帰休を決めましたが、オヨ従業員らでつくる組合は次のようなメッセージを出しています。

OYO（オヨ）ホテルほかオヨグループで働く皆さん

今回会社側が提示した一時帰休者に対する休業手当の額は、労働基準法上、違法とされる最低ラインである、実際の賃金の60％（所定労働日数／歴日数）の60％ほどの支給水準であり、それでは到底生活していけません。ほとんどの人が希望退職を選ぶよう仕向けた施策であることは間違いないでしょうし、希望退職に乗るのもアリな選択です。

プレカリアートユニオン・OYOグループ支部としては、「希望退職に手を挙げた人には、必ず特別退職金を払うのが筋」と会社側に申し入れ、間接的に希望退職申込者の方々のサポートもしていきます。

ピザ焼きロボット会社の目算違い

孫氏はアメリカ経済誌のフォーブス電子版（2020年4月7日付）のインタビューに答え、ビジョン・ファンドが投資した88社のうち、

「15社は破産するだろう」

と答えています。新興企業に投資するベンチャーキャピタルとは本来、そういうものなのかもしれませんが、それにしても筋が悪すぎます。孫氏は、本当に出資先企業をきちんと精査してから投資判断をしているのでしょうか。あまりに瞬間的な閃きに頼りすぎではないでしょうか。

3月28日、ビジョン・ファンドが出資するイギリスの衛星通信スタートアップのワンウエブが経営破綻しました。

インターネット通信網の提供を目指し小型の衛星を74機も打ち上げてきましたが、資金繰りに行き詰まったのです。ビジョン・ファンドは同社に合計19億ドル（約2000億

円）を投資していました。当然、その資金は戻ってきません。

ビジョン・ファンドの投資先にはズーム・ピザという会社もあります。この会社は一台2万～3万ドルもするピザ焼きロボットを大量に導入、顧客の注文に応じて即座にピザを焼き上げ、配達するという会社です。この会社の創業者のアレックス・ガーデン氏は、カリフォルニア州ウッドサイドにある孫社長の超豪邸にトラックを持ち込み、その場でピザを焼き上げたそうです。

孫社長はピザ焼きロボットを見て即座に3億7500万ドル（401億円）の出資を決断したといいます。ちなみにこの孫氏のカリフォルニアの豪邸は、これまでにカリフォルニア州で取り引きされたもっとも高価な家といわれ、2012年に購入した際の価格は1億1750万ドル（126億

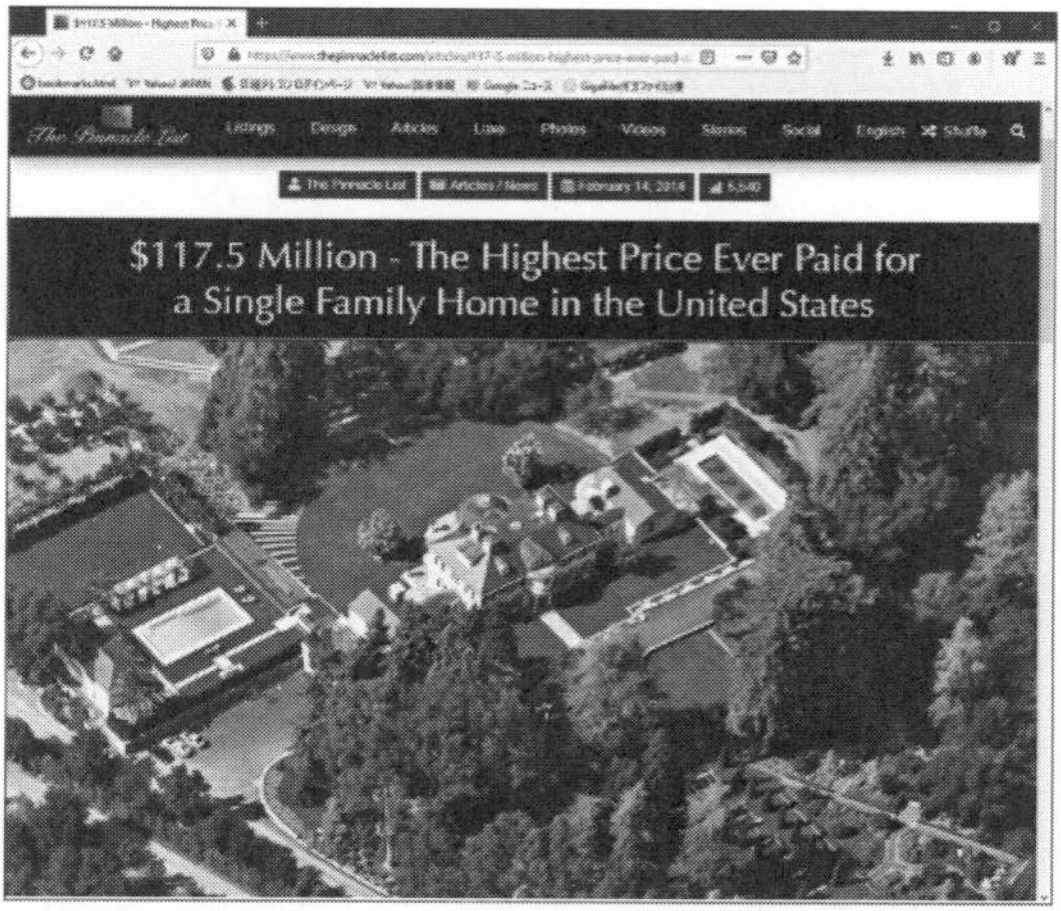

アメリカ高級不動産サイトに掲載された孫正義氏の豪邸（カリフォルニア）

円）でした。

ズーム・ピザ社のその後ですが、残念ながらピザの注文は思うように伸びませんでした。なんと、２０２０年になってピザ事業から撤退し、宅配業者が使うボックスの製造に業態を変更しています。それに伴って半数以上の従業員を解雇したというのです。

孫氏が出資を決めた４００億円は、もう戻ってこないでしょう。目を覆うような失敗です。ズーム・ピザも、孫氏の言う「15社」のなかのひとつなのでしょうか。


前著でも述べましたが、孫社長はサウジアラビアのムハンマド皇太子を口説きおとし、ビジョン・ファンドに対して４５０億ドルもの資金をサウジアラビアの政府系ファンドから引き出しています。その一部には、年利７％もの利回り保証をつけています。

たとえビジョン・ファンドが約1兆９０００億円もの赤字でも、ムハンマド皇太子は自らの「取り分」を冷徹に要求するでしょう。ソフトバンクにとっては、巨額の赤字のうえにさらにこの出資者に対する保証分まで支払う必要があるのです。しかしこの契約は12年もの長期に及ぶことが明らかになっています。ソフトバンクは今後も長く「保証利回り」分を払いつづけるのです。

仮に約束された年利を支払えなければ、ムハンマド皇太子は激怒し、出資した４５０億ドルを引き上げるとともに、巨額の訴訟を提起する可能性が高いでしょう。そうなればソフトバンクは巨大な爆弾を抱え込むことになります。

「俺は投資の神さまだ」

多くの読者が、疑問を持たれていると思います。

携帯電話の会社（ソフトバンク）の経営に専念していれば、少なくとも数千億円もの利益を安定してあげられるのに、なぜ孫社長はこれほど巨額の「バクチ」を張りつづけるのか、と。

「３００年成長しつづける会社をつくりたい」と言い、自らを幕末の風雲児・坂本龍馬や戦国の覇者・織田信長になぞらえる孫氏の思考のスケールは巨大で、私のような凡人には想像もつきませんが、孫氏の下した経営判断について、その結果を精査することはできます。

ソフトバンクがＡＤＳＬ回線のモデムを無料で配りまくることで一気に通信インフラを押さえたこと、イギリス資本の携帯電話会社ボーダフォンを１兆７５００億円もの巨額を投じて買収したことは、並みの経営者には到底できない「バクチ」で、その賭けに勝ったことで、ソフトバンクはＮＴＴをも凌駕《りょうが》する巨大な通信会社に発展しました。さらに孫氏は、事業家としても一級でした。アップルのスティーブ・ジョブズ社長（当時）との人脈を生かし、いち早くｉＰｈｏｎｅの日本での販売権を獲得し、ドコモ、ａｕの2社に差をつけることに成功しました。

ここまでの孫氏は、まさしく天才です。誰も真似のできない圧倒的成果です。

しかし、２０１２年10月にアメリカの携帯電話会社スプリント・ネクステルを1兆６０００億円で買収すると発表したときから、変調を来《きた》しはじめます。スプリントは全米３位の会社で、損益は赤字でしたが、孫氏は「必ずＶ字回復させる」と言っていました。

それだけではありません。「いずれは（情報通信の世界で）世界一を目指す志がある」としていたのです。当時、メディアがこの買収を好意的に捉えたのは、もうひとつ理由がありました。

２０１２年10月という時期は、日本では民主党政権の最末期で、為替相場は1ドル＝80円を切る大幅な円高でした。この後、アベノミクスによる金融緩和が始まって、１１０～１２０円というレンジまで円安になりましたから、決断が1年遅ければ買収額は１・５倍の2兆4000億円だった計算になります。

孫氏が為替動向を見通していたかどうかはわかりませんが、1ドル＝80円という水準を見て、「いまがチャンスだ！」と思ったのでしょう。

為替でいえばもうひとつ、孫氏は2016年7月にイギリスの半導体設計会社アームを3兆3000億円かけて買収しましたが、このときも絶妙のタイミングでした。イギリスはこの直前の6月の国民投票でEU離脱を決めたばかりで、通貨ポンドが急落していたのです。

孫氏はこれを見て、間髪を入れず動きます。報道によれば孫氏は、プライベートジェットで欧州に飛び、休暇中だったアーム会長のスチュアート・チェンバース氏の自家用ヨットが寄港した港町のレストランで買収を打診したといいます。このとき、1ポンド＝130円近辺まで下がっていました。翌年には150円台になっていますから、買収の判断が1年遅れていれば15％＝5000億円ほど高い買い物になっていたわけです。

孫正義氏はやはり天才かもしれません。いや、天才かどうかはわかりませんが、機を見るに敏で、行動力が圧倒的です。いくら為替が好条件とはいえ、1兆円、3兆円の投資を即断で決められる経営者は、世界中探してもちょっと思い当たりません。ものすごい決断力と行動力です。

もうひとつ、孫氏の伝説を彩ったのは、アリババへの投資です。２０００年にアリババ創業者のジャック・マー氏に会ってわずか5分で20億円の投資を決め、それが現在14兆円もの価値をソフトバンクにもたらしているという事実が、「孫正義神話」をいっそう神々しいものにしました。もはや「投資の神さま」です。誰も彼の投資判断に、疑問符をつけられないでしょう。

おそらく孫氏自身が、そう確信していたはずです。「俺は投資の神さまだ」と。

「投資の会社」になったはずが

２０１２年にスプリントの買収を決めたときには、通信業界での覇権を口にしていた孫氏ですが、それ以降は個別の事業に対する熱意がどんどん薄れ、はっきり投資家へと変貌していきます。孫氏は２０１６年11月の決算説明会で、こう話しています。

「いままで私は左脳を中心に使って、ソフトバンクだとかスプリントだとか、理論的にいろんな作業を行ってきましたけれども、一方、この18年間、趣味のようにして右脳でときどき投資、案件の意思決定をするということをやってきて、時間的配分としては、圧倒的にいままでは左脳の配分が多かったんですね」

「これからは右脳の部分の投資の意思決定、マネジメント、そちらのほうがやっぱりより重点的になっていくでしょうし、（中略）イメージ的には、テクノロジー業界のウォーレン・バフェットさんを目指していると。テクノロジー業界のバークシャー・ハサウェイを目指していると」

バークシャー・ハサウェイを率いるバフェット氏

「テクノロジー業界のバークシャー・ハサウェイのような会社がソフトバンクだと思っていただいたらいいんじゃないかと思います」

ウォーレン・バフェット――アメリカ、ネブラスカ州オマハに拠点を置くことから、「オマハの賢人」と称えられる世界最高の投資家です。２０２０年8月で90歳を迎えますが、いまも現役で投資判断を行い、毎年巨額のリターンを叩き出しています。

紡績会社のバークシャー・ハサウェイを買収して独特の投資会社に変貌させ、現在では25兆円もの資産を運用し、2008年のリーマン・ショックの際も住宅ローン債権＝サブプライムローンに危険があることを早くから予告していました。バフェット氏から株主に対して発送される「年次報告」は、近未来を予見した「予言の書」のように扱われ、世界中の投資家が争って読んでいます。

なかには、バフェット氏の年次報告書を読みたいために、バークシャーの株主になっているという人もいるほどで、投資の世界のカリスマ中のカリスマです。

どうやら、孫正義氏は、2015年ころから「自分は第二のバフェット」だと考えるようになったようです。しかし、孫氏が巨額の資金を集め、スタートさせたビジョン・ファンドは、わずか3年ほどで無残な姿をさらしています。50年にわたって利益をあげつづけているバフェット氏とはえらい違いです。

2020年2月12日の決算説明会で孫氏は、

「ソフトバンクグループは戦略的持ち株会社として、投資を本業にする会社に生まれ変わった。もはや営業利益や売り上げは関係ない。忘れていい数字だ」

と述べています。しかし肝心のその投資の成績がこれでは、誰だって心配になります。

「クズ株ファンド」になる

孫氏は2020年3月13日、株価下支えのために5000億円の自社株買いを発表し、さらに3月23日、保有する投資先の株式4兆5000億円分の売却も発表しました。

ここまで見てきたようにビジョン・ファンドの投資先は株を売るに売れないような業績不振の会社が多いのですが、「虎の子」の優良株・アリババや、携帯電話のソフトバンク、さらに連結対象から切り離したスプリント株などを売らざるを得ませんでした。これだけの規模の売り出しをすると株価が急落してしまう恐れがあるため、市場が閉まったあと、深夜から早朝にかけて相対取引で「買い手」を探したようです。この作業にあたったのが、ゴールドマン・サックスなどのチームでした。それでも足りず、4年前に買収したアーム株まで売るそうです。

今後さらに2兆円の自社株買いや、有利子負債の削減を行うということです。

売れるものはなんでも売って現金をつくり、自社株買いで株価をなんとか押し上げる——孫氏の焦りが目に浮かぶような動きです。

格付け会社のムーディーズは3月25日、ソフトバンクグループの格付けを「Ba1」から「Ba3」に2段階引き下げました。この格付けは「投機的と判断され、相当の信用リ

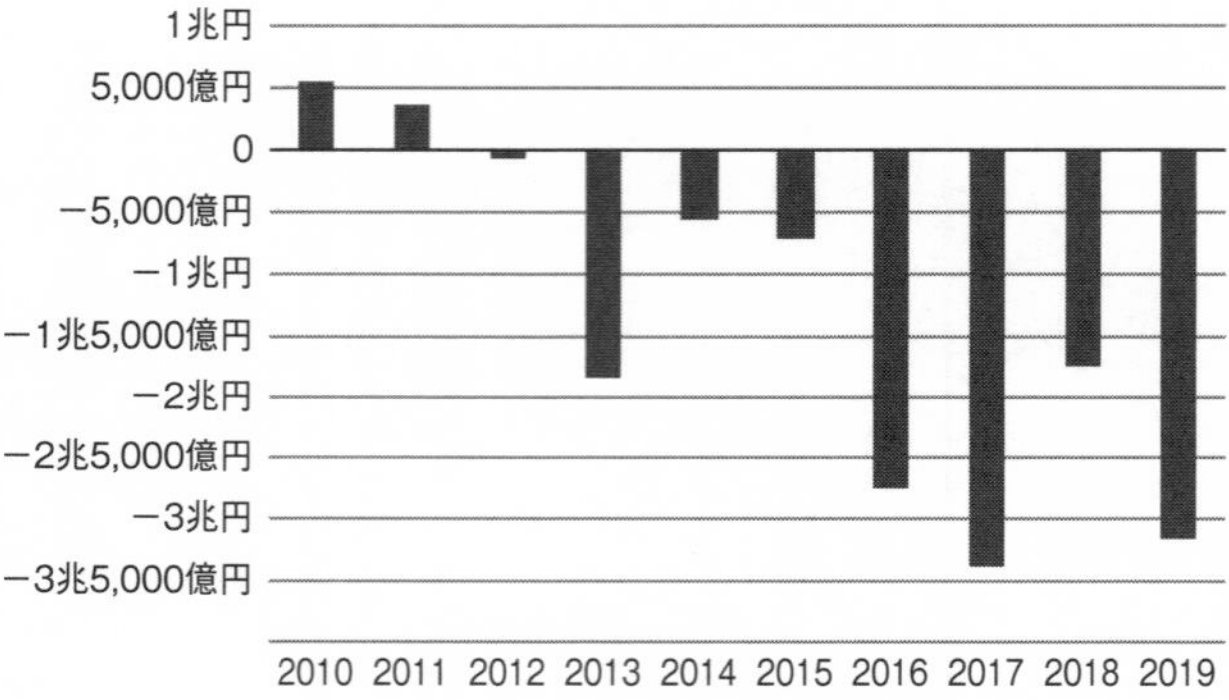

ソフトバンクグループのフリーキャッシュフローの推移

スクがある債務」を意味する「Ｂａ」の中でも下位に相当します。

要するに、ソフトバンクグループの社債は「ジャンク債」になったのです。同社の社債を購入している65万人（延べ人数）の投資家は、気が気ではないでしょう。会社が潰れたら、社債もすべて無価値になるからです。

ムーディーズは、ソフトバンクグループが優良投資先の株を売って４兆５０００億円の現金をつくることも、こう批判しました。

〈評価の高い上場株式の一部を売却していった場合、ポートフォリオの資産価値と信用力は悪化する可能性がある〉

これを私なりに翻訳すると、ソフトバンクに残された株はクズ株だけになるというのです。ビジョン・ファンドが「クズ株ファンド」になる——という恐怖の指摘です。

このムーディーズの格付け改定に対し、ソフトバンクグループは異例の反応をしました。

ムーディーズが「誤った理解と臆測に基づく」判断をしたとして批判し、今後の格付け依頼を取り下げることにしたのです。

しかし、大手格付け会社の格付けを得るというのは、巨額の社債を発行している事業会社に求められる最低限の責任です。なぜならそれなしには、社債を買う人たちが、何を基準にしていいかわからなくなってしまうからです。

さらに、右のグラフを見てください。ソフトバンクグループのフリーキャッシュフロー(自由に使える手持ちの現金)のマイナス幅が増えつづけているのです。このままだと資金繰りが回らなくなり、大幅な事業縮小を強いられる恐れもあります。つまり、手持ちのアリババ株をさらに売却してソフトバンクは実質解体という事態さえ考えられるのです。

上場廃止を検討した理由

では、ソフトバンクは本当に倒産するのでしょうか。

英紙フィナンシャル・タイムズ（3月24日付）によると、孫氏は一時、本気で上場廃止を考えたといいます。

ソフトバンクグループに投資するアクティビストファンドのエリオット・マネジメントと、アラブ首長国連邦の政府系ファンドＰＦＩも上場廃止の議論に加わったものの、「計画はすでに白紙になった」と報じられました。

孫氏が上場廃止を検討した理由はひとつしか考えられません。

おそらく孫氏は、現在のソフトバンクグループの株価が不当に安いと思っているのでしょう。ムーディーズをはじめ、投資家や格付け会社はソフトバンクグループの本当の価値を理解していない、だからこんな不当な安値をつけるのだろう、と思っているはずです。

「こんなに安いなら、さらに借り入れを増やして市場から株を吸い上げ、上場廃止にして株主からプレッシャーを受けることなく自由に経営しよう」

ということでしょう。孫氏は、自分が思うように経営すれば必ず会社の価値は上がる、と自信満々なのです。いったん上場廃止してすべての株を買い上げ、価値が上がったところで再上場すれば、借入金を返したうえで巨額のリターンが手元に残る、というのが孫氏の考えだと思います。

実際、3月19日には株価が2000円台まで下がり、時価総額は7兆円を下回りました。孫氏は21・25％弱の株を握っていますが、上場廃止にするには総発行株式の3分の2＝66・7％を押さえる必要がありますから、残り約40％です。
つまり、2兆8000億円程度の融資を受けられれば、上場廃止にすることが可能ということです。一般人には天文学的な金額ですが、これまでに2兆円、3兆円単位の投資を行ってきた孫氏からすれば、現実的な額なのでしょう。
実際、海外の投資ファンドも似たような動きをしていました。
〈ソフトバンクG株は「超お買い得」、物言う英ファンドが新規投資
「物言う株主」として知られる英投資ファンドのアセット・バリュー・インベスターズ（AVI）は、株価がとてつもなく割安だとし新規投資を始めたことを明らかにした。
AVIのジョー・バウエルンフロイント最高経営責任者（CEO）は1日、ブルームバーグの取材に対し、2月からソフトバンクG株式への投資をはじめ、3月に入って買い増しした分を含めて約50億円を投じたと述べた〉（ブルームバーグ2020年4月3日付）
孫社長は自身の経営手腕に絶対の自信を持っているからこそその自社株買いでしょうが、

投資ファンドが株を買った理由はもっと冷徹です。
ソフトバンクグループの保有する株の時価は、2020年2月12日現在、

アリババ　　=16兆1000億円
ソフトバンク　　=4兆8000億円
スプリント　　=3兆2000億円
アーム　　=2兆7000億円
ビジョン・ファンド=3兆2000億円

となっていました。その他も含め、総額で31兆円の株式を保有していると発表しています。対する有利子負債は14兆円ですから、さしひき17兆円です。

つまり、時価総額7兆円で、17兆円の買い物ができるわけです。

ヘッジファンドがソフトバンクグループの株を買い占めれば、即座にアリババなど保有株を売却し、差し引き10兆円！　の儲けが出ることになります。そうなれば、ソフトバンクグループを解体して切り売りし、巨額の利益を手にするでしょう。

「孫正義」という稀代の経営者は、用済みになってしまいます。むしろ、孫正義がいないほうが、会社の資産を自由にできるという意味で都合がいいのです。

孫氏が自社株買いと上場廃止を考えたのは、こうした展開を恐れたからでしょう。

結局はアリババ頼み

金融資本の世界は、肉食獣たちのバトルです。

孫氏ほどの経営者であっても、投資の失敗を繰り返し、財務にダメージを与えれば、「侵略者」に攻撃される隙を与えます。それを避けるためには、なんとかして株価をあげるか、上場廃止して侵略者に対する防御を固めるほかありません。どちらにせよ自社株買いをする必要があるわけです。

ではなぜ孫氏は、自社株買い↓上場廃止の道を選ばなかったのか。

いくら孫氏といえども、2兆8000億円の資金を用意するために、みずほ銀行など孫氏と関係の深い金融機関数社に、相談を持ちかけたはずです。しかし、実現しなかった。

金融機関がウンといわなかったからに違いありません。それだけ巨額の資金を出すには、相当な決断と見通しが必要になります。孫氏が言うように、上場廃止して自由に経営することによって今後、業績の大幅な改善が期待できるなら金融機関も話に乗ったかもしれません。

しかし、そこまでの「確信」が持てなかった。孫氏に任せておけば大丈夫、という判断ができなかったのではないでしょうか。

しかしそれでも、孫氏にはまだ運があると私は思います。

2020年2月、経営再建に四苦八苦していたスプリントと、同業のTモバイルとの合併がアメリカの司法当局にようやく承認され、4月1日の合併完了に伴い、スプリントはソフトバンクグループの連結決算から外れることになりました。コロナショックの直前にスプリントを売りぬけ、同社の抱える巨額の負債をバランスシートから消すことができました。

また、ソフトバンクグループの持つ最大の資産であるアリババ株は、コロナショックによるネット通販市場の拡大で業績を伸ばし、16兆円の価値に膨れ上がっています。

配達員の不足が問題になっていましたが、グループ企業内の別の企業の従業員を一時的に配達員とすることによって対処しました。

結局、現在のソフトバンクの経営はアリババ株頼みです。

もしこのアリババになにか不測の事態があれば、一挙に暗転します。

不気味なのは、コロナショック収束後のアメリカと中国の対立です。トランプ大統領は、新型コロナウイルスの発生源が中国・武漢の研究所であることを繰り返し主張し、中国側が激しくそれに反発しました。アメリカ上院本会議は2020年5月20日、「外国企業説明責任法」を全会一致で可決しました。法案は事実上、中国企業を念頭に置いたもので、アメリカの株式市場に上場する中国企業が中国共産党の影響下にあると認定された場合、上場廃止となる可能性があります。今後、両国の関係が修復不可能なほど悪化すれば、アメリカ・ニューヨークの証券取引所に上場するアリババ株にも、影響が及ぶかもしれません。

孫氏は、綱渡りをしているような心境でしょう。

このソフトバンクの動向を、もっとも強い関心を持って注視しているのがメガバンクです。前著でも指摘したように、みずほフィナンシャルグループの〝ドン〟佐藤康博会長は孫氏の〝盟友〟といわれ、ソフトバンクグループに数兆円の巨額の貸し付けを行っています。ソフトバンクに万一のことがあれば、みずほもただでは済まないのです。

ました。

孫社長の個人資産に起こった異変

２０２０年3月の株価急落で、孫正義社長個人の資産にも大きなダメージが発生していました。

上場廃止を断念したのは、それも理由の一つだった可能性があります。

孫社長は、ユニクロを経営するファーストリテイリング会長兼社長の柳井正氏に次ぐ日本人２位の２兆円の資産を保有していることは前述しましたが、その資産の大部分は、ソフトバンクグループ株です。

大量保有報告書によると、孫社長は有限会社孫ホールディングス、孫アセットマネージメント合同会社など４つの個人会社も含めてソフトバンクグループ株の26・９０％、５億６２１２万株を保有しています。

	保有株券等の数	株券等保有割合（％）
孫正義	４億６２４２万９３６４	22・１３
孫ホールディングス	２０８万２５３２	０・１０

孫アセットマネージメント	１８５５万４４２０	０・８９
孫エステート	６０００万	２・８７
孫コーポレーション	１９０５万９６００	０・９１
合計	５億６２１２万５９１６	26・９０

これらの株が生み出す利益は巨額です。

ソフトバンクグループ株式会社は２０１８年度までは３年連続で一株あたり22円の配当を行っていましたから、孫氏は個人で１０１億７３００万円を毎年、受け取っています。

２０１９年度は、なんと前期に22円、後期にさらに22円と、いままでの倍の44円の配当が予定されていました。孫氏はすでに２０１９年10月に１０１億円を受け取っています。２０２０年４月の後期分配当１０１億円も、巨額の赤字計上にもかかわらず全額支払われました。

名前を出して悪いのですが、日産のカルロス・ゴーン氏のように普通の経営者なら、自らの報酬額を５億円、10億円と高くすることによって収入を増やすことを考えるでしょうが、孫氏はそんなケチな考えはありません。実際、取締役としての報酬は「１億円か、２

億円くらい」で、全額寄附したと話しています。

さらに孫氏の「規格外」の金銭感覚はこれにとどまりません。並の経営者なら自分の得た報酬で豪華な自宅や別荘などを手にして満足するでしょうが、孫氏は、会社の資金だけでなく、自らの個人資産も投資に振り向けているのです。

もちろん、孫氏も東京・麻布に大豪邸を構え、千葉の館山、カリフォルニア州にも別荘を所有していますが、それにあきたらず、「世界有数の天才投資家」「新興企業の将来性を見抜く天才」といわれることに強い願望を抱いているように、私には見えます。

その理由は、先ほども述べた孫氏個人の抱える巨額の借金です。孫氏率いるソフトバンクグループが14兆円の有利子負債を抱えていることはよく知られていますが、孫氏個人の借金も、数千億円レベルです。

巨額借り入れの詳細

読者の皆さんは、孫氏ほどの資産家が借金などするはずないと思われるかもしれませんが、実は孫氏は自らの保有するソフトバンクグループ株を担保に巨額の借り入れをし、個人としても投資を行っているのです。近年、その金額がどんどん膨らんでいて、もはや

「投資中毒」といってもいいほどです。

では、具体的に孫氏の借金の詳細を見ていきましょう。大量保有報告書によると、２０１９年５月20日段階で、孫氏が借り入れをしている金融機関と、そこに担保として差し入れている株数は以下の通りでした。

（1）みずほ銀行大手町営業部　７２５万株
（2）新生銀行　３００万株
（3）大和証券　６７０万株
（4）ＳＭＢＣ信託銀行　２００万株
（5）Union Bancaire Privee, UBP SA　５００万株
（6）クレディ・スイス銀行東京支店　１６００万株
（7）ＵＢＳ銀行東京支店　４００万株
（8）LGT Bank in Liechtenstein Ltd.　４００万株
（9）Bank J.safra Sarasin Ltd　４００万株
（10）Bank Julius Bear & Co.Ltd.　１３００万株

（11）東京スター銀行　150万株
（12）CA Indosuez（Switzerland）SA　300万株
（13）ドイツ銀行東京支店　290万株
（14）Bank Lombard Odier & Co Ltd　200万株
（15）Picte & Cie（Europe）S.A.　350万株
（16）みずほ銀行及びみずほ信託銀行　760万株
（17）野村證券　1000万株
↓合計9545万株

このほかに、「孫アセットマネージメント合同会社」名義で620万株を、「孫エステート合同会社」名義で600万株をそれぞれバンク・オブ・アメリカ・エヌ・エイ東京支店、三井住友銀行に担保提供しています。

担保としたソフトバンクグループ株の総数は1億765万株で、借り入れ日の5月20日時点の株価（5170円）をもとに計算すると、5565億円です。

株を担保に借り入れをする場合、時価の65%の融資を受けられるのが相場とされていますから、孫氏は、国内外19の金融機関から合計３６００億円程度の資金を借り入れていたと推測できます。

この資金を「元手」に、孫氏は個人としての投資を続けていたのです。この金額は、個人としては間違いなく日本最大級でしょう。孫氏はインドのホテルチェーン、オヨに個人として15億ドル（１６２０億円）を出資しているほか、ウィーワークなど、「これ」と見込んだ企業に資金を出していたようです。

しかし、２０２０年3月の株価急落によって、孫氏は想像もつかなかったような窮地に陥ります。ソフトバンクグループの株価が暴落し、孫氏が金融機関に対して差し入れていた担保の価値は５５６５億円から２８９２億円まで半減してしまいました。

こういう場合、資金を貸した金融機関は、追加の担保を求めます。急落直後の3月24日に提出された大量保有報告書には担保数の増減が記録されていますが、金融機関の要求は苛烈そのものです。

（1）みずほ銀行大手町営業部　７２５万株↓１４５０万株

（2）新生銀行　３００万株↓２００万株
（3）大和証券　６７０万株↓２７１０万株
（4）ＳＭＢＣ信託銀行　２００万株↓４００万株
（5）Union Bancaire Privee, UBP SA　５００万株↓１０００万株
（6）クレディ・スイス銀行東京支店　１６００万株↓４２００万株
（7）ＵＢＳ銀行東京支店　４００万株↓８００万株
（8）LGT Bank in Liechtenstein Ltd.　４００万株↓８００万株
（9）Bank J.safra Sarasin Ltd　４００万株↓８００万株
（10）Bank Julius Bear & Co.Ltd.　１３００万株↓２６００万株
（11）東京スター銀行　１５０万株↓３００万株
（12）CA Indosuez（Switzerland）SA　３００万株↓６００万株
（13）ドイツ銀行東京支店　２９０万株↓５８０万株
（14）Bank Lombard Odier & Co Ltd　２００万株↓０
（15）Picte & Cie（Europe）S.A.　３５０万株↓７００万株
（16）みずほ銀行及びみずほ信託銀行　７６０万株↓１３２０万株

(17) 野村證券
1000万株→1500万株
→総計1億9960万株

みずほ銀行は725万株の担保を1450万株に増額、SMBC信託2000万株→400万株、UBS銀行400万株→800万株など、ほとんどの銀行がそれまでの倍の担保を要求しました。

なかでも苛烈なのは大和証券とクレディ・スイス銀行で、それぞれ670万株を2710万株、1600万株を4200万株と3倍前後に引き上げています。これによって、孫氏は1億9960万株ものソフトバンクグループ株を担保に差し入れることになりました。

追加、追加の担保差し入れ

このわずか3日後の3月27日に孫氏はまたも大量保有報告書を提出しています。

それによると、大和証券はさらに390万株、クレディ・スイスは700万株の担保を要求。ほかに野村證券、Union Bancaire、CA Indosuez、ドイツ銀行など外資系金融機関も数百万株前後の追加担保をとりました。銀行のことを「金貸し」といっては失礼ですが、その論理は冷徹そのものです。担保の価値が目減りすれば、容赦なく追加の担保差し入れを要求してきます。

これによって孫氏が金融機関に差し入れた株数は、当初の倍の2億2040万株にまで膨らみました。

孫氏はソフトバンクグループの27％を握る筆頭株主ですが、そのうちの4割が担保として押さえられてしまったのです。

実はこの日、3月27日にはちょっと興味深い現象も起きています。16時36分と、そのわずか1分後の16時37分の2度も大量保有報告書が提出されているのです。ふたつの報告の内容はほとんど変わらないのですが、細かく見ていくと、ある数字の変化に気がつきます。大和証券とクレディ・スイス、野村證券の担保が変更されているのです。いずれも、36分に報告された担保数が、37分版では数百万株減らされていました。

推測ですが、この報告書を提出するギリギリまで、孫氏と3社の間で担保の設定をめぐって激しい折衝があったのではないでしょうか。

先ほど見たように、3社は孫氏に対し、もっとも厳しく担保を要求しています。孫氏側の反論によって、大和とクレディ・スイス、野村も最後の最後でわずかに譲歩した可能性があります。

世界の富豪番付で39位、世界中をプライベートジェットで飛び回る孫氏ですが、担保株をめぐる金融機関との折衝を見る限り、「尻に火がついた」という印象さえ抱いてしまいます。2020年3月末のこの時点で、相当厳しい局面に追い込まれていたと見るべきなのかもしれません。

株価急落で一気に危機に

衣料品通販サイト「ZOZO」創業者の前澤友作氏も3000億円分の同社株を担保に金融機関から現金を借りていました。

前澤氏はそうして得た巨額の資金によって、現代美術家の高額な作品を購入したり、ツイッターを通じて100人に100万円の「お年玉」を配ると公言したり、アメリカのスペースX社が公募した宇宙旅行の第1号に名乗りをあげたりしました。

前澤氏がどういう戦略に基づいて多額の資金を使っていたのかわかりませんが、少なく

ZOZO創業者・前澤友作氏

とも、一連の活動によって前澤氏のキャラクターが日本中に知れわたる効果はありました。

しかし2019年9月、前澤氏は自分がつくり、育てた会社を手放す決断を迫られます。

一時は5000円に近かった株価が2000円を割るようになり、前澤氏が差し入れていた担保株では足りなくなったため、野村信託銀行や三井住友銀行、UBS銀行などから追加担保を求められたようです。前澤氏は結局、会社をヤフーに売却し、社長の座を明け渡すことになりました。

持ち株を担保に巨額の借り入れをすることの恐ろしさはここにあります。なにかのきっかけで株価が急激に落ち込めば、追加の担保を求められ、借入金の金利を払う必要もあり、最後は借入金の返済のためすべてを手放す決断を強いられます。

持ち株を担保に借り入れをしている経営者は、常に自社株の株価を一定以上に維持しなければという強迫観念にさらされつづけるわけです。

しかし、残念ながら、株価は操作できません。金融危機が起きたとき、多くの人がその会社の先行きに疑念を抱きはじめたとき、何らかのスキャンダルが発覚したときなど、ちょっとしたきっかけで株価は急落します。

２０２０年3月19日の急落は、コロナショックがソフトバンクに大ダメージを与えるという連想が招いたものでした。直後に孫氏は、５０００億円を支出して市場から自社株を大量に買い上げ、さらに日米の中央銀行による大規模な金融緩和、財政当局による財政出動などで、株式市場に大量の資金が供給され、ソフトバンクは危うく難を免れました。

しかし、もうギリギリのところまで来ています。

次に大きな金融ショックがあれば、ソフトバンクグループの株価を支えてくれるものはありません。孫氏が手持ちの株をさらに担保に入れても、そのこと自体が信用不安を引き起こし、株価を下げる契機になる可能性があります。薄氷を踏む思いとは、このことでしょう。

天才・孫正義はいったいなぜここまで追い詰められてしまったのでしょうか。

「孫さんを怒鳴りつけることができる男」といわれていたファーストリテイリング会長兼社長の柳井正氏も、２０１９年末にソフトバンクグループの社外取締役を退きました。

「盟友」アリババのジャック・マー氏も、2020年6月25日に社外取締役を退任しました。

日本電産会長の永守重信氏や日本マクドナルド社長の藤田田氏などかつて社外取締役を務めた経済界の重鎮も、もういません。

孫氏みずからが「後継者」に指名し、140億円もの報酬でソフトバンクに招いたニケシュ・アローラ氏も、退任の本当の理由を口にしないまま、会社を去っていきました。

もはや、孫氏に諫言《かんげん》できる人は誰もいません。

孫氏は孤独なのです。

第2章　日本の大企業を襲う金融危機

つぎつぎ姿を消した「セイホ」

金融危機の本格的な到来が目前に迫っています。２０２０年に入ると、日経平均やダウ平均など世界中の株式相場が連日のように大暴落しました。

しかし私は、金融制度が変わる良いチャンスだと考えています。私はリーマン・ショックの惨劇を見て、「これ以上の詐欺行為には加担できない」と当時勤めていた金融業界を離れました。

今後、相当な影響を受けるであろうと考えられるのが**生命保険業界**です。生保の倒産リスクについてお伝えしたいと思います。

まずは戦後破綻した大きな保険会社を示します。

１９９７年　日産生命　↓　プルデンシャル生命（日産生命がプルデンシャル生命に引き継がれたということです＝以下同）

１９９９年　東邦生命　↓　ジブラルタ生命

２０００年　千代田生命　↓　ジブラルタ生命

２０００年　第百生命　↓　マニュライフ生命
２０００年　協栄生命　↓　ジブラルタ生命
２０００年　大正生命　↓　ＰＧＦ生命（プルデンシャル ジブラルタ ファイナンシャル生命）
２００１年　東京生命　↓　Ｔ＆Ｄフィナンシャル生命
２００８年　大和生命　↓　ＰＧＦ生命

このように国内の生保はほとんどが外資系企業に吸収されています。その主な理由は、低金利政策による逆ザヤです。これはどういうことかといいますと、たとえば「１００万円積み立てると満期で３００万円になる」というような商品がざらにあったということです。

昭和のバブルが平成に入って崩壊したことで、過去に高金利で契約した商品の利息が支払えなくなったのです。不景気により超低金利政策が続いているのですから、すでに売ってしまった高金利の商品を維持していくことはできません。そして、会社売却を余儀なくされたのです。

これと同じような理由で、今後また危機が起こりうると見ています。

日本の10年物国債の利回りの推移を見てみます。70年代後半には10%を超えるときもあったのに、下がりつづけてついにマイナスにまで落ち込みました。

保険会社の破綻としては一番最近起こったのが、２００８年の大和生命です。これはリーマン・ショックが原因でした。業界下位の大和生命は保険料収入の低迷をカバーするため、証券化商品などの高リスク投資に傾斜していました。この証券化商品というのは言い換えれば「サブプライムローン関連商品」です。つまり、きわめて危険な金融商品です。リーマン・ショックという未曾有の金融危機により、巨額の損失を抱えてしまい、破綻に追い込まれました。

リーマン・ショックではアメリカでも大手生命保険会社のＡＩＧが破綻しました。リーマン・ブラザーズの保有債券に対するＣＤＳ（クレジット・デフォルト・スワップ＝倒産補償のデリバティブ）を大量に保有していたことが原因でした。想定元本は約50兆円という恐ろしいほどの巨額で、ほぼ全額が損失となりました。あまりにも巨大な企業であるために、連鎖的な金融破綻が生じる可能性があり、アメリカ政府が救済に乗り出したのです。

ちなみに、私が再三問題として指摘しているドイツ銀行ですが、保有しているデリバティブの想定元本は5500兆円という天文学的な数字になっています。もう、どれくらいの損失が出るかまったくわかりません。

保険会社が倒産したらどうなるか

保険会社はゼロ金利により、本業で稼げなくなっています。そのため、収益を出すために「リスクの高い」投資を増やしています。ドイツ銀行などとは全然桁が違うといっても、経営リスクを高めていることに違いはありません。このままだと金融バブルが弾けたときに、保険会社で倒産するところが出てくるでしょう。

では、これからやってくる超巨大な金融危機に際して、保険会社はどうなるか。また、これから私たちはどの保険会社を選べばいいのでしょうか。

まず、保険会社が倒産したらどうなってしまうのでしょうか。その場合、生命保険契約者保護機構が補償します。責任準備金の90％が補償されるのですが、保険金や年金がいくら補償されるのかは不明です。銀行が破綻した場合はペイオフにより1000万円までの預金が預金保険機構によって保護されていますから、その点では、保険会社のほうがよりリスクが高いといえます。過去に倒産した会社では、貯蓄型の保険は元本割れしていました。かつて私の実家で千代田生命の貯蓄型の保険を買っていたのですが、元本割れし、両親は困っていました。

生命保険業界に見られる経営上の問題は「総資産に占める外国証券の比率」が増えていることです。

かんぽ生命、明治安田生命、第一生命という大手3社における総資産の推移を見ていきますと、外国証券の比率が増えているのがわかります。

今後予想されるのは急激な円高です。いまはＧＰＩＦ（年金積立金管理運用独立行政法人）が大量の外国証券を購入するなどして円高圧力を緩和していますが、日本の対外純資産は世界一ですから、ひとたび金融危機が起きれば1ドル＝70円程度になる可能性がありますす。そうなると、外国証券は円高で価値が暴落することになります。どこの企業もそこまでの円高は想定していないのです。

私が危険とみなしている保険商品は「貯蓄型」、「年金型」、「外貨建て」の3つです。これらの保険を持っている人は規約などを見て、考え直したほうがいいでしょう。

2018年度における外国証券の保有率を見ると、日本生命、明治安田生命、第一生命の3社が高くなっています。なぜこんなに持っているのか。各企業が保有している外国証券の中身まではわかりませんが、元本保証のないハイリスクな金融商品を保有しているのでしょう。

たとえば、比較的情報が公開されている第一生命の場合、２０１９年12月末の外貨建て債券の内訳は国債・地方債が57％と半分超です。そして社債が25％を占めます。社債の中にはＣＬＯのようなきわめて危険な商品が含まれています。その内訳の詳細は窺い知れませんが、大きなリスクがあります。

さらに、モーゲージ等が18％あります。モーゲージ債というのもサブプライム危機のときに爆発した危険な金融商品です。決して安全ではありません。保有している社債の内訳ではトリプルＡ格付けのものが４割となっています。ただし、忘れてならないのはリーマン・ブラザーズも倒産直前までトリプルＡだったということです。

そもそもゴールドマン・サックスなどは自分たちの売りたい商品に「トリプルＡ」という格付けを与えています。飲食店の「本日のオススメ」が賞味期限が近い食材の積極利用というケースがあるように、言葉のトリックとでも思ってください。格付け会社も証券会社も国際金融資本家とグルなのです。そういう連中の「トリプルＡ」を鵜呑みにしての運用は、本来の運用とはいえません。

保険業界上位10社の外国証券保有残高は合計で57兆9101億円にも上ります。円高と相場暴落で30％が毀損すると、17・3兆円の損失となります。30％の毀損というのはまだ少ない見積もりです。本格的な金融危機が襲ってきたとき、保険業界全体としては数十兆円の損失が出ることを覚悟しておくべきでしょう。

保険は掛け捨てにすべき

問題はなぜこんな危険な投資をしているのかということです。

リーマン・ショックで倒産したＡＩＧや、大和生命ほどではないですが、保険会社各社は長引くゼロ金利政策の影響でリスク証券である外国証券の保有を増やしています。ゼロ金利下では金利による利益がまったく出ないからです。しかし前述のように、急激な円高になれば外国証券の価値は暴落します。

今後、貯蓄型・年金型の保険は利率がどんどん下がっていくでしょう。たとえ金利固定のものであっても利率変更を求められるでしょう。そうしなければ会社が倒産するからです。

それから、外貨建て保険は為替リスクがあり、元本割れリスクがきわめて高いと思われるのです。解約できる人はすぐにでも解約したほうがいいでしょう。

金利では儲からないとなればリスクを冒して利回りの良い投資をするしかないという構造になってしまっています。

その原因は米国ＦＦ（フェデラルファンド）金利です。ＦＦ金利は簡単に言うとアメリカの政策金利です。これがどんどん下がりつづけ、とうとうほぼゼロになりました。

基軸通貨のドルが金利ゼロということは、金融市場の金利がほぼゼロになるということです。すなわち、「普通の運用では利益は出せない」ということです。

そのため、ＣＬＯなどの怪しげな金融商品を作って、「他人を騙して買わせる」との構造が生まれました。これが世界の投資の現実なのです。これは、まさにサブプライムローンと同じ構図です。

そしてまた金融危機が訪れようとしています。今回の金融危機はリーマン・ショックの比ではありません。金利はほぼゼロで、為替変動のリスクと元本割れのリスクも伴っています。

元本保証していない金融商品を買うとはどういうことかというと、投資した瞬間から負ける可能性がきわめて高い、ということです。いますぐ解約して別のものに変えたほうがいいほどです。

保険は掛け捨てにすべきです。よく、「保険は貯蓄にもなる」といった謳《うた》い文句を聞きますが、保険と資産運用は分けて考えるべきです。貯蓄や資産運用は元本割れしない定期預金などにすべきです。都道府県の共済は投機的な運用を行っていません。国債で運用しているのでリターンは少ないですが、比較的、安全です。掛け捨てをオススメします。

外国債も、為替リスクが高いので買うべきではありません。どう考えても買うべきではないです。今後目減りする一方だからです。

日本国の資産がどんどん海外流出していますが、このままでは何百兆円単位で損失を出すことになります。それを見過ごしてきた政治家と官僚は本当に罪深いと思います。しかし、私はこの大ピンチを日本社会の構造を変えるためのチャンスだと思うしかないと考えています。

リスクは保険加入者が背負う

ここで、日本最大の金融機関である三菱ＵＦＪフィナンシャル・グループと、「世界一投資が下手」な農林中金、それから保険大手の明治安田生命を比較してみます（２０１８年度）。

◯売上高
三菱ＵＦＪフィナンシャル・グループ　６兆６９７４億円
農林中金　１兆７３２１億円
明治安田生命　３兆７６８２億円

◯三菱ＵＦＪフィナンシャル・グループ　売り上げの内訳
35％　貸出金利息
10％　有価証券利息配当
23％　手数料収入

これに対して、農林中金、明治安田生命の売り上げ内訳で特筆すべきものをあげます。

・農林中金　68％が有価証券利息配当
・明治安田　73・5％が保険料収入

これを見ると明らかなように、保険会社の収益の中心は保険料収入であり、運用はメイン業務ではありません。それなのに、外資に格付けトリプルAの有価証券を大量に買わされて、ただ保有しているのです。これらは間違いなく、金融危機で暴落します。そのとき、彼らは「金融危機だからしょうがない」などと言い訳することでしょう。

前述したように、投資で利益は出せない構造になっているうえ、保険会社にとって運用はメイン業務ではないのです。

大手であっても倒産リスクはあります。第一生命の2019年度末の資産を見ていくと、社債、株式、外国証券、その他の証券という「リスク資産」の合計が16兆3450億円にものぼります。このうち、20％が損失となると、その額は3兆2690億円です。第一生命は純資産2・8兆円の企業ですので、債務超過となってしまう可能性があります。

貯蓄型、年金型の多くは元本が保証されていない商品があります。元本保証とうたっている商品であっても規約を確認すべきです。平常時は利回りが出ているものの、相場が暴落したときにはリスクは消費者が負うような設計になっている商品があるのです。

リスクの高い保険2社

そして何より、貯蓄型はやめるべきです。

リスク資産である外国証券の資産比率が高いほど経営リスクは高いといえます。2018年度における「外国証券÷純資産」の数字を見ると、もっとも高いのはアフラックの5・65です。他に目立つのは第一生命（3・63)、日本生命（3・06)、大樹生命（3・62)、かんぽ生命（2・48）が突出しています。一方で外国証券の資産比率が低いのが東京海上（1・20）です。損害保険業界最大手の東京海上はさすがに外国証券のリスクも把握し、経営の安定度も高いようです。

次に見るのが経常利益率です。利益が出ていない生保ほど利率の高い投資である「リスク商品」の購入に走る傾向にあります。大和生命がリスク商品に手を出して破綻したことはすでに触れた通りですが、農林中金もまた同じ構図です。一方で利益率の高い会社のほうが安全な運用をしている傾向にあります。

続いて自己資本率です。これが低い企業は経営の安定性が低いとみなせます。思いのほか低いのが日本生命です。一方、自己資本率が高いのは住友生命や損保ジャパンです。

こうした指標を元に私が経営リスクの高い企業だと判断したのは、

日本生命

大樹生命

この2社です。金融危機によって有価証券が溶けたとき、損失が多ければ債務超過になってしまう可能性があるのです。

逆に比較的健全な会社は、以下3社です。

東京海上

住友生命

損保ジャパン

この3社の掛け捨ての保険が安心できると思います。

保険会社は国債を買うか、金融資本にいわれるがままに海外のトリプルA格付けの証券を買っているだけです。それなら直接自分で日本国債でも買ったほうがまだマシです。なぜなら保険会社は手数料を取るわけですから、自分で買ったほうがその分だけ得です。

海外の金融商品の場合はさらに為替リスクもあります。日本国債のほうが目減りしない分まだマシです。

皆さんに認識していただきたいのは、銀行と同様に保険会社もゼロ金利政策の副作用でハイリスクな金融商品をたくさん保有しているということです。金融危機が来れば相当な損失を出すことは間違いありません。そのツケは保険商品を購入した皆さんに回されるのです。

ANAの「最悪の決算」

日本を代表する航空会社の**ANAホールディングス**が2020年4月、1~3月期決算で587億円の最終赤字となることを発表しました。四半期決算開示を始めた2003年以降、「最悪の数字」です。2021年3月期の見通しは「コロナ被害の収束時期がわからない」として公表を見送りました。

新型コロナウイルス感染拡大による影響をもっとも受けたのが航空業界です。感染拡大防止の最たるものが「移動の抑制」なのですから、「飛行機に乗るなんてもってのほか」ということになります。特に海外との往来は国際レベルでの感染拡大につながりかねず、国際便はほとんどが欠航となりました。沖縄県知事の玉城デニー氏が「ゴールデンウィーク中の沖縄への渡航を控えてほしい」と訴えたように国内線も多くが欠航となり、経営状況の悪化が顕著です。

これはＡＮＡだけの問題ではありません。いま、世界の航空業界が大崩壊しているのです。

ＡＮＡの２０１９年度通年決算は、売り上げ1兆９７００億円に対して、純利益は75％減の２７６億円です。利益率にするとわずか1・４０％で、ギリギリ黒字という水準です。

２０２０年通年では「過去最大」の赤字が確実です。

この状況から、ＡＮＡは日本政策投資銀行の危機対応融資で３０００億円を調達する予定です。それだけでなく、政投銀に1兆円、民間金融機関にも３０００億円規模の融資枠の設定を要請しました。つまり、全体で1兆３０００億円の資金調達を予定しているのです。ＡＮＡほどの優良大企業ですらも、1兆円超の融資がないと立ち行かない状況なのです。

こうした苦境は日本航空（ＪＡＬ）も同様です。ＪＡＬの２０２０年1～3月期はマイナス２００億円の最終赤字です。

航空産業は、そもそも利益率が低い業界です。利益率が低いというのはすなわち、「固定費が高い」ということです。それはつまり、「危機に弱い」ということでもあります。ANAはコロナショックの影響を受けた昨年度だけでなく、それまでも売り上げ規模に対して利益率が5%と、低いのです。

ヴァージン・グループ総帥のリチャード・ブランソン氏

コロナショックの影響を受けて経営が揺らいでいるのは世界の航空会社に共通です。そして、ついに倒産する航空会社が出てきました。

4月21日、オーストラリアのヴァージン航空が破綻（任意管理入り）しました。コロナ危機での大手航空会社の破綻としては第1号になりました。この後、何社潰れるかわからない状況です。

ヴァージン航空は、イギリスの有名な起業家であるリチャード・ブランソン氏が創業した会社です。ヴァージン航空はイギリスでも政府へ支援を求めていますが、認められない見込みで、その場合倒産する可能性もあります。

アメリカ大手のデルタ航空は世界の航空会社のうち、時価総額で2位の会社です。大手格付け会社のS&P（スタンダード・アンド・プアーズ）は3月24日、そのデルタ航空の投資適格を2段階下げました。このため、デルタ航空はBBに格下げされ、ジャンク債級となってしまいました。時価総額で2位のデルタ航空が金融市場において「ジャンク企業」と同等の扱いを受けることになったのです。

FRBがジャンク債まで買い入れを決めたため社債の暴落は起きていませんが、屈辱的な事態です。

アメリカのボーイングも2020年1～3月期の決算で680億円の赤字を発表しました。最高経営責任者のカルフーン氏は「以前のような状態に戻るのは2～3年かかる」と見ています。


孫正義氏が目標とする投資家、ウォーレン・バフェット氏は2月下旬、割安となったデルタ航空の株を買い増し、サウスウエスト航空、アメリカン航空、ユナイテッド航空とあわせ航空4社の大株主となりました。バフェット氏は「バリュー投資」と呼ばれる投資手法を信条としています。バリュー投資とは簡単にいうと、「確かな価値を持つ企業を割安のときに買っていれば必ず上がる」という手法です。デルタ航空やサウスウエスト航空のような大手優良航空会社はコロナショックの影響で一時的に株価が下がっても、必ず上がるとバフェット氏は判断したと思います。

ところが、そのバフェット氏が4月に入ると、損失を覚悟で4社の株式を売却しました。コロナ危機が長期化する、と判断を変えたのです。バフェット氏は航空株をすべて売却した後、「世界は変わってしまった。外出制限が人々の行動に与える影響はわからない。3～4年後に、昨年までのように飛行機に乗るようになるのか見通せない」と発言しました。航空業界は「先が見えない」否、「先はあるのか」というほどの状況なのです。

現在でもデイトレーダーが割安な航空株を拾い、短期に売ったりしていますが、正直なところ航空業界株は不透明すぎます。

経営リスクが高すぎる

ここで航空業界の産業規模を見ていきます。2018年の時点で世界での産業規模は約90・6兆円で、このうち日本では約3・7兆円（2019年）、おおよそ世界の4％を占めています。世界の航空会社の売り上げランキングを見ると、5位がANA、8位がJALとなっています。

世界の航空旅客数は近年ほぼ一貫して増加傾向にありました。2001年9月のアメリカ同時多発テロから2008年9月のリーマン・ショックまでGDPの伸びと相関するように伸びていました。航空旅客需要は世界経済全体のGDP変化に大きく影響されるのです。

今回のコロナ危機で、移動が制限され、「飛行機に乗ってはいけない」となりました。つまり、航空業界のビジネスが成り立たないのです。単なる不況よりも厳しいのですが、コロナ不況で長期的に景気が低迷するでしょうから、より深刻です。

繰り返しますが、航空業界は利益率の低い事業構造です。高額な機体を多数揃えないといけないうえに、固定経費が非常に大きいからです。そのために、売り上げが落ちると経営が揺らぐのです。原油価格は安くなっていますが、焼け石に水です。最大手でも磐石《ばんじゃく》とはいい難いほどです。

コロナショック以前にも世界有数の航空会社が倒産しています。保有機体数が世界3位のユナイテッド航空は、2002年12月にアメリカにおける破産法であるチャプター11《イレブン》を申請しました。この原因は2001年9月の同時多発テロにより、その後の利用客が減少したためです。保有機体数が世界2位のデルタ航空は2005年9月にチャプター11を申請しました。原油価格の高騰や大型ハリケーンの発生により燃料費が増えてしまい、経営を圧迫したためです。

保有機体数が世界1位のアメリカン航空は2011年11月にチャプター11を申請しました。原因は機材の老朽化で、機体を買い換えないといけなくなったからです。また人件費の増加もありました。ユナイテッドやデルタは平時ではない事情がありましたが、アメリカン航空の場合は「普通に経営していて倒産した」のです。それだけ経営リスクが高いのが航空業界なのです。

航空業界において近年、成長のカギを握っていたのが中国人観光客です。しかし、新型コロナウイルスはその中国を発生源として拡散したと見られています（中国政府は否定しつづけていますが）。その被害をもっとも被ったのがイタリアです。

2019年3月、イタリアは中国と「一帯一路」構想に関する覚書を締結しました。これを機に両国間の直行便は急増します。そのことが、コロナ被害の拡大にも影響した可能性が高いと思われます。3万人以上の死者を出しましたが、皮肉にも航空産業の成長が新型コロナの被害をより深刻にしたのでしょう。

コロナ危機では中小企業のみならず、ANAのような大企業でさえ存続の危機に陥ります。とりあえず赤字国債を発行し、日銀が直接、間接にその国債を買い上げて政府の赤字を補塡する「財政ファイナンス」で救済するしか道はありません。しかし、財政ファイナンスは大変危険です。皆さんも望まない消費税の大増税でもしない限り、財政再建ができなくなります。とにかく急場をしのいだ後は、財政ファイナンスに頼らない方法を模索するべきです。

三菱UFJが計上した巨額損失

日本を代表する金融機関で、メガバンクの一角を担うのが**三菱UFJ銀行**です。その持ち株会社・三菱UFJフィナンシャル・グループ（MUFG）が2019年度に約3600億円の特別損失を計上しました。この損失はコロナショック以前に発生していました。

原因は海外銀行への出資です。インドネシアのバンクダナモンで2128億円、タイのアユタヤ銀行で1305億円、フィリピンのセキュリティバンクで200億円。あわせて約3600億円の特別損失です。

なぜ損失が出たのかというと、株価が下落したことによるのれん代の一括償却をしたからです。要するに見込んでいただけの企業価値がなかったと判断したために、資産として計上していた金額を下方修正することになったのです。

MUFGはインドネシアのバンクダナモンに2017年12月から段階的に出資し、2019年5月1日までに総額6800億円を出資していました。出資比率は94%にも上り、邦銀の海外での買収としては過去最大の案件でした。他の章では何兆円という数字がボンボン出てくるので、6800億円と聞いてもさほどの額でもないように思えてしまうかもしれませんが、それは違います。6800億円とはとてつもない額なの

バンクダナモンの新頭取になった三菱UFJ銀行の板垣靖士氏（左、2019年10月）

です。

ＭＵＦＧの失敗の本質は高値で買いすぎていることです。金融業界の人間が見れば、いくらなんでも高すぎる、と感じますし、どう考えても判断が甘いのです。

何しろ買収直後に大暴落しています。ソフトバンク・ビジョン・ファンドがユニコーン企業に出資したときと重なって見えてしまうのは私だけでしょうか。ＭＵＦＧは買収してすぐにのれん代の償却をせざるを得なくなったのです。株主からすると、何をしているんだ、と感じるでしょう。

ここで、のれん代について説明します。

純資産10億円の会社を買収するとき、１００億円の資金が必要になることがあります。理由は様々です。同じように買収を狙う競合他社がいて、競り合いになって値段が吊り上がったり、買収される側の大株主が買い取り額に納得せず、やむなく高い評価額を付けざるを得ないときもあります。あるいは、自社と合併することによって高い相乗効果（シナジー）が見込め、高い値段を払ってもどうしても手に入れたいというときなどです。

いずれにせよ、10億円の会社を１００億円かけて買った場合、自社のバランスシートの資産の部に差額の90億円を「のれん代」（無形固定資産）として計上します。

このれん代の処理ですが、日本の会計基準と国際会計基準（ＩＦＲＳ）では方法が違います。日本の会計基準では、90億円ののれん代を毎年、償却していく必要があります。その期間は、20年以内で自由に設定してよいとされています。

仮に10年で償却する場合、毎年９億円を償却することになります。つまり、買った会社が９億円以上の新たな利益をもたらさない限り、会社の決算にはマイナスになってしまうということです。

国際基準ですと、のれん代を毎年償却する必要はなく、バランスシートに載せたままでも大丈夫です。

しかし、たとえば５年後になって買収した会社が予期した通りの利益をあげないと発覚したとき、その時点でのれん代を償却することになります。つまり、その時点で一気に90億円を減損処理することになるのです。しかも、国際基準だとこれを営業損益に含めるため、減損処理をした年の損益は大きなダメージを受けることになります。

ＭＵＦＧは日本の会計基準を適用していますから、バンクダナモンを買収したあと、20年かけてのれん代を償却する予定でした。ところが、バンクダナモンの株価が買収後に急落したため、１年も経たずに全額を償却し、特別損失として処理することになったのです。いかに企業の内容が悪かったかを表しています。この買収のアドバイザーになったのはＪＰモルガンと三菱ＵＦＪモルガン・スタンレー証券ですが、巨額の仲介料をせしめてこの結果です。三菱ＵＦＪモルガン・スタンレー証券は、三菱ＵＦＪ銀行のグループ会社だから許されるのかもしれませんが、かなり恥ずかしい失態です。

そもそも、こうした巨額買収案件の仲介をグループ会社に任せるのは、甘えと遠慮が入り込むため、私は疑問です。失敗を仲間内で隠し、結果責任を問おうとしないことになる可能性があります。

もう一社のＪＰモルガンはＦＲＢの設立から深く関わり、ＦＲＢの中心的役割を果たすニューヨーク連邦準備銀行の株主でもあります。まさに国際金融資本の権化《ごんげ》のような金融機関です。

買収を決めた２０１９年４月下旬の時点で、中国の経済減速も明らかになっていました。適正な買収金額ではなかったのは明白です。

ちなみにソフトバンクグループのバランスシートに記載されているのれん代はなんと４兆円です。ご想像のとおり、同社は国際会計基準ＩＦＲＳを採用していますから、のれん代を償却する必要はありませんが、買収先の企業の価値が急落すれば一挙に巨額の損失処理を迫られる可能性があります。

日銀に預けた78兆円

三菱ＵＦＪフィナンシャル・グループとはどういう企業なのでしょうか。その中核は旧三菱銀行です。その三菱銀行が東京銀行と合併し、東京三菱銀行になります。一方、三和銀行と東海銀行が合併してできたのがＵＦＪ銀行です。２００６年1月にその2社がさらに合併し、三菱東京ＵＦＪ銀行が誕生しました（その後、三菱ＵＦＪ銀行に名称変更）。その持ち株会社が三菱ＵＦＪフィナンシャル・グループです。総資産は３３６兆円で、日本最大の金融グループです。

ＭＵＦＧのバランスシート（２０１９年度末）を見てみます。

資産	３３６兆円	負債	３１９兆円
貸出金	１０９兆円	預金	１８７兆円
預金	78兆円	借入	24兆円
有価証券	65兆円	社債	13兆円

純資産　16・8兆円

銀行は皆さんからお金を預かっています。預金される側なのです。それなのに資産の部にも預金があります。銀行はどこに預金しているのか。それは日本銀行です。

日銀のバランスシート（2020年7月10日）

資産	651兆円	負債	651兆円
国債	515兆円	発行銀行券	113・5兆円
投資信託	33兆円	当座預金	446兆円
純資産	3・3兆円		

この当座預金の446兆円の中に、MUFGが預けている78兆円が含まれているのです。当座預金とは、ほかに持って行き場がないので、ただ日銀の中に置いているだけのお金です。それほどお金の行き場が失われている一方、日本人の20代単身世帯の45％が貯蓄ゼロです。

これは新しい産業を育てず、景気低迷をそのままにしてきたツケが若者に回っているのです。次世代を担う若者が貯蓄ゼロならば、起業するなど新しい挑戦もできません。日本はどうなってしまうのでしょうか。本当にこれでいいのかと強い疑問を抱きます。政治・経済の運営が間違っているとしかいいようがありません。

世界中でお金は余っているのです。ＭＵＦＧだけで78兆円もただ日銀に置いてあるだけなのです。日本全体では４４６兆円にも上ります。驚くほどのお金が行き場もなく眠っているのです。

世界を見渡すと、ウォール街からはさらなる刺激策を求める声が上がっています。ＦＲＢとウォール街は完全に麻薬中毒者と化しています。すでに世界ではお金が余っているのに、「もっとお金をくれ」といっているわけです。完全に麻痺しています。

れいわ新選組代表の山本太郎氏やＭＭＴ（モダン・マネー・セオリー＝インフレになるギリギリまでの財政出動を主張する理論）の論者は、「さらに赤字国債を増発し国民に金をばらまけ！」と主張しています。

もう一度いいます。世界中でお金は余っているのです。国債の増発は必要ありません。ベーシックインカムなどで分配のやり方を変えるべきなのです。「赤字国債を増発しろ」というのは、ＦＲＢやウォール街のいっていることと一緒なのです。正しい方法ではありません。

海外への貸し出しにのめり込む

ＭＵＦＧの経営リスクは保有資産に見え隠れしています。有価証券の中に「その他証券」という項目があるのですが、この「その他の証券」は非常にリスクが高いのです。外国債券を含むその他の証券で、合計すると、28兆円くらいあります。

ゆうちょ銀行の62・４兆円という途方もない金額に比べると少額ですが、それでもＭＵＦＧもそれなりの保有金額だといえます。ＭＵＦＧもそれなりにハイリスクな投資をしているということです。

純資産に対するその他の証券の比率を見ると、一番高いのはやはり農林中金です。ゆうちょ銀行も金融危機が起こればかなりの痛手をこうむります。

その２行に比べるとＭＵＦＧの破綻リスクは低いですが、分析してみると問題はあることがわかります。総資産は莫大にあるが、利益がほとんど出ていないのです。

貸出金１０９兆円の内訳を見ていきます。

国内貸出金　62・５兆円

住宅ローン　14・８％
国内法人　44・５％
政府等　３・０％
海外貸出　44・４兆円

注目すべきは海外貸出金が44兆円、貸出金全体の40％にのぼっていることです。日本国民から預かったお金にもかかわらず、国内産業を育てるための融資は行わずに海外へ資金援助をしているということです。

しかも海外貸出金で利益が出せているとは到底思えません。前述のように、海外事業で３６００億円もの損失を出しています。海外投資はリスクがあるということです。いまのままなら絶対にうまくいきません。

今回のような投資の失敗は明らかに現場が見えていないから発生しているのです。幹部は東京の本社でふんぞり返っているだけでは、と疑問が湧きます。

本気で儲けたかったらいまの体制を完全に変えるべきです。本社機能が東京にあって、海外の44兆円をうまく回していくなんて無理な話です。海外で本気で稼ごうと思うのだったら、本社機能も海外に移すべきです。

そういうことをいうと、「日本には投資する機会がない」などと口にする連中がいます。私はこう思います。「違う、あなたたちには政治家を動かして日本を変える力があるんだ。もう逃げ場はない。日本を本気で変えるか、それともあなたたちも共倒れするか。どちらかだ」と。

日本の労働者はすなわち消費者です。労働者に賃金が支払われなければ経済は回らないのです。海外にいくら投資しても、国内が空洞化していくだけです。一時的に自分たちが儲かっても、結局は経済が回らなくなり、自分たちも衰退するだけです。

誰がなんといおうと、私たちは日本にいるのだから日本を良くするしかないのです。海外のよくわからない銀行を買っている場合ではないのです。

金融危機はこれからが本番です。

お金が世界中で余っているのに、金融緩和をしろといっているおかしさに気づくべきです。国内で産業を育てていくしかないのです。三菱ＵＦＪ銀行は日本を代表するメガバンクとして、その本来の姿を早く思い出すべきなのです。

総合商社・丸紅の苦境

総合商社の**丸紅**が2019年度決算で3900億円の損失を計上しました。これによって業績を下方修正し、純利益は当初予定されていた2000億円の黒字からマイナス1900億円の赤字に転落しました。

損失の最大の原因は資源価格の下落です。つまり本格的な経済危機・金融危機はこれからというところで丸紅が赤字を出したのは、実体経済がすでに相当悪くなっているという前兆なのです。

丸紅は1858年（安政5年）に伊藤忠兵衛が創業しました。日本史の教科書にある「安政の大獄」が始まった年です。

名前の通り、伊藤忠兵衛は同じく総合商社の伊藤忠商事の創設者でもあります。上方の麻布を地方で売り、地方の物産を上方で売る「持ち下り行商」から始まった会社が、のちに伊藤忠と丸紅に分割されたもので、元は同じ会社だったのです。

丸紅は戦時中に合併を繰り返しながら、三興株式会社、大建産業株式会社と名前を変えてどんどん大きくなっていきますが、1949年に過度経済力集中排除法、要するに「財閥解体」に基づく企業分割で分離し、「丸紅」が誕生します。

日本の総合商社は「5大商社」といわれています。この5社はそれぞれに特徴があり、簡単に記すと以下のようになります。

三菱商事……創業者は岩崎彌太郎。三菱財閥の中枢企業
丸紅……穀物事業に強みを持つ。過去にはロッキード事件などコンプライアンスに問題がある
伊藤忠商事……食料分野に強み。コンビニ大手のファミリーマートが好調
三井物産……資源分野に強み。医療事業にも注力し、ポートフォリオをシフトしている
住友商事……メディア、不動産部門に強みを持つ。「石橋を叩いて渡らない」のカルチャーが有名

丸紅のビジネスモデルは一言でいって「薄利多売」です。とにかく利益率が低い。それは何を意味するかというと、金融危機でさらに大規模な赤字を出す可能性があるということです。売り上げが大きいわりに利益率が低いため、いったん利益を出せない状況になるとその事業を救うことは難しくなります。赤字が膨らんでも撤退できずに経営を揺るがす

事態になりかねません。

石油価格が暴落した

丸紅の決算報告資料を見ていきます。

もっとも利益を出しているのはエネルギー資源部門で、その中でも特に金属で稼いでいます。２番目の稼ぎ頭は食料関連なのですが、これこそ薄利多売の象徴です。これが丸紅の経営内容を表しているといってもいいでしょう。

３９００億円の損失の内訳を見ていきます。

石油ガス開発事業	１４５０億円
米国穀物事業	１０００億円
チリ銅事業	６００億円
海外電力・インフラ事業	４００億円

注目すべきはやはり石油です。石油の価格が暴落しているのです。

3月末のドバイ原油の価格は1バレルなんと27・3ドルです。最高値は2008年7月の1バレル147ドルでした。8割以上もの暴落です。さらに4月には、世界中で原油がだぶつき、貯蔵する設備が足りないために先物価格がマイナスに転落するという前代未聞の椿事《ちんじ》になりました。

この原油価格をめぐっては世界的な経済戦争に発展しています。

3月6日に行われたOPECプラスに参加したロシアは、「石油の減産には応じられない」と宣言しました。このまさかの発言に、会議場はお通夜のような状態になったそうです。それに呼応するようにサウジアラビアも石油増産を宣言。

これによって原油価格は大暴落しました。そのために一番困っているのはアメリカです。その理由は、アメリカはシェールオイルの生産を主体としているからです。後述するように、シェールオイルはコストがかかりすぎるためにアメリカは1バレル30ドル以下では到底採算が取れないのです。このままでは石油業界での大量倒産が予想されます。これがアメリカの経済危機に拍車をかけているのです。そのため、アメリカはロシアに経済制裁を検討していると報道されています。

一方のロシアはそれをわかっていてアメリカと喧嘩をする道を選びました。ロシアとしては国際社会における主導権を握りたいのです。プーチンはこのアメリカとの戦いに勝てると踏んだようです。こうした大掛かりな国際的な石油戦争に丸紅もまき込まれているというわけです。

シェールオイルとは何千メートルもの深い地中から熱や高圧の水を使って無理やり採掘することで採れるオイルのことです。当然ながら通常の油田から掘り起こすよりもコストが高くつきます。ある程度石油が高かったときはこの方法でも採算性を保つことができたのです。

ちなみに、1バレルあたりの採算ラインは各国によって違います。

サウジアラビア　7ドル
シェールオイル　50ドル

ただし、サウジアラビアの贅沢な国家予算を維持する場合には90ドルが必要とされ、原油価格の低迷で財政が不安になりつつあります。「オリーブの木チャンネル」でおなじみの「ノコギリ王子」ことムハンマド皇太子が主導して国営石油会社サウジアラムコは2019年に国内上場を果たしました。海外上場も見据えていましたが、株価は売り出し価格を下回り、海外上場どころではない状況です。

石油に関わる企業の経営がきわめて難しいのは明らかです。それによって大損失を出したのが丸紅なのです。

銅価格の下落が予見する危機

次に穀物部門を見ていきましょう。

丸紅はガビロン社というアメリカの穀物会社を2012年に2860億円で買収しました。そのガビロン社買収の「のれん代」の減損で800億円を計上しました。丸紅はのれん代を1000億円と計上していました。

ちなみに2012年の時点ですでに「1000億円ののれん代は高すぎる」と批判されていました。今回は「実際に高かった」と認めたのです。

世界には「5大穀物メジャー」と呼ばれる5つの会社があります。

ADM、ブンゲ、カーギル、ルイ・ドレフュス、グレンコアです。丸紅はガビロンを買収して世界2~3位規模の取引量を占めているのですが、穀物メジャーには入れてもらえていません。閉ざされたエスタブリッシュメントの世界なので、5社は別格というわけです。

コロナ危機でロシアに始まり、ミャンマー、ベトナムなど東南アジア各国は穀物の輸出制限を始めました。コロナ危機による移動規制で世界中の物流が寸断され、食料市場では「過剰」と「不足」という現象が同時並行的に生じているのです。それに加えて、北米での天候不順の影響で事業計画の見直しを余儀なくされ、のれん代を償却することになったのです。

丸紅はチリの銅鉱山を保有しています。丸紅にとって金属事業は稼ぎ頭です。ところが、経済危機によって銅価格が下落し、収益が悪化しました。リーマン・ショック以降、銅価格は下落傾向にあります。銅価格は景気を反映しているといわれています。つまり、いくらアベノミクスで株価が上がった、と喧伝《けんでん》しても、実体経済は弱いままなのです。それなのに、金融市場だけを膨らませているのですから、金融危機が起こるのは当然です。銅価格はそれを予見していたのです。

そして、金融危機は長期化します。すでに弱い実体経済ですが、後退はここからが本番となるからです。

日本製鉄の「構造不況」

日本製鉄は経団連（日本経済団体連合会）のど真ん中にいる、まさに日本を代表する企業です。その日本製鉄が２０１９年度は赤字決算となることを発表しました。ここに金融危機の足音を感じます。

日本製鉄の赤字はたまたま赤字だったというわけではありません。調べてみると思いのほか大変な事態にあることがわかります。

「鉄は国家なり」という言葉があるように、製鉄業は製造業の象徴的な存在です。ここで、製鉄業の歴史を振り返ってみます。

１８５３年　黒船、ペリー来航　世界は木造船から鉄造船に
１８５５年　水戸藩営大砲鋳造所第一炉　反射炉による洋式製鉄が始まる
１８９４年　日清戦争　大量の鉄の需要　富国強兵
１９０１年　官営八幡製鉄所　東田第一高炉が操業
１９７０年　新日本製鐵株式會社発足

２０１２年　住友金属工業と合併し新日鐵住金株式会社発足
２０１９年　社名変更し、日本製鉄に

こうして誕生した日本製鉄はグループでの売り上げが５兆９２１５億円（２０２０年３月期）を誇る日本屈指の企業ですが、２０２０年初めから株価が急落し、４月末には８０0円を切りました。時価総額で７５８３億円です。

新興企業の代表であるソフトバンクグループは売り上げが６兆１８５０億円（２０２０年３月期）、時価総額は９兆６０００億円程度（２０２０年４月末）です。なんと近代国家の中心産業である製鉄業のトップ企業とソフトバンクグループは売り上げでほぼ互角ながら時価総額では10倍以上となりました。

時価総額というのは会社の価値です。それも「将来的な期待値」としての価値です。「ＩＴっぽい」「ＩＴのように見える」企業は実態価値以上に時価総額が高く出る傾向があります。そもそもそれがおかしいのですが、市場では受けます。

製鉄企業は国家の基幹をなす大事な存在です。同社が危機に陥っても、国が絶対に支援するでしょう。それなのに、株式市場では、「ＩＴのような」企業のほうが価値が高く支持されます。この考えこそがバブルなのです。

製鉄産業を大事にしていくべきです。世界の製鉄企業上位10社のうち6社が中国企業になっています。製造業の中心が中国に移っているのです。それに対して製造業を捨てた国であるアメリカはニューコア社が14位にかろうじて入っているだけです。ちなみに1位はルクセンブルクのアルセロール・ミッタル社です。そんな中、日本製鉄は3位で健闘しているのです。

危機はこれからが本番

その日本製鉄の2019年度当期利益は、4400億円の赤字見込みです。これは産業構造の大変化がまさにいま起こっているということです。ちょっと赤字が出てしまった、と軽く見てはいけないのです。

私が愕然としたのは、広島県の呉製鉄所を閉鎖することです。戦艦大和の建造で知られる呉海軍工廠《こうしょう》の流れを汲む歴史ある製鉄工場です。東京ドーム30個分の広大な敷地に3300名もの従業員を擁する工場の閉鎖を決めてしまったのです。

販売価格が下がり、一方でコストは上がる。そのため、中国や韓国に押され、アジア界《かい》隈《わい》の鉄鋼市場では利益が出せない構造になっていました。日本製鉄は本業の製鉄業でまったく利益が出ていないのです。

リーマン・ショック以降、実体経済がボロボロであることが顕在化していたのに、問題を先送りしてきたことから一向に良くならないのです。ＦＲＢや日銀はお金を刷りまくって金融バブルを膨らませただけです。状況はより悪化したといっていいでしょう。金融バブルが爆発し、リーマン・ショックを上回る危機が、確実にくる状態を作ってしまったのです。

日本製鉄の呉製鉄所

先ほどもいいましたように「鉄は国家なり」です。日本はものづくりで経済を支えている国だから、なおさらのことです。その中心にいるナショナルカンパニーである日本製鉄が利益を出せないというのは、産業構造に根本的な問題があるのです。それを変えなくてはならないのです。

何度もお伝えしているように、金融危機は始まったばかりです。これから本格的な危機が訪れるのです。それを前にしてすでに日本製鉄は赤字に転落しています。日本の製造業はこれから大丈夫なのでしょうか。考えただけでも恐ろしくなります。

というのも、製造業の経営悪化は、経済に甚大な悪影響を及ぼすからです。

日本製鉄の呉製鉄所が閉鎖されることについて考えてみます。まず、3300名もの従業員が働き先を失います。失業者が増加します。呉製鉄所から仕事を得ていた下請け企業も多くの仕事を失います。その下請け企業も他の企業と取引をしていますから、そこにも影響が出ます。周辺の飲食店でも潰れる店が出てくるでしょう。一つの工場を閉鎖すると連鎖的に影響が波及していきます。そして連鎖的に実体経済が縮小していくのです。そうなると、取引の信用が縮小していきます。それが臨界点を超えると、破局的な金融危機が起こることになります。

世界の粗鋼生産量を見ていきます。生産量自体は伸びているのですが、よく見るとその増加分はほとんど中国によるものです。中国だけが異常に伸びていて、他の国は伸びていないのです。粗鋼生産量と実体経済は連動しています。中国を除いた世界経済は伸びていないのです。

なぜ中国だけがこんなに成長しているのでしょうか。２００８年のリーマン・ショック以降、アメリカの国際金融資本が中国共産党と結託し、大量の資金を金融市場に注入したからです。２０００年代初期、中国は新興市場として注目を浴びていました。リーマン・ショックで世界中が傷つく中、中国経済は発展前で今後大きな市場となると期待されていました。金融資本は、「次は中国だ」と金融バブルを膨らませ、世界経済を回してきたのです。その利益は中国共産党に一部渡りますが、残りは国際金融資本にいくのです。

地球上の資源は有限です。いま、中国は世界の半分の鉄を生産し、消費しています。当然のことながら鉄の原材料の鉄鉱石も有限の貴重な資源です。それが、中国でバブルを膨らませるために無理やり消費されています。金融バブルによる投資は過熱し、中国全土に広がったものの、いまやそれらが不良債権化しつつあります。地球上の有限なる鉄資源をバブルのために無駄遣いしているのです。ウォール街・国際金融資本はこうなることがわかっていながら「もっと儲けたい」と中国をモンスター化させました。

世界全体の経済のことを考えないと自分たちにも未来はないのです。一部の人の際限ない欲望のためにわざわざ破滅に向かう必要はありません。

このままならば日本製鉄も危機に瀕することでしょう。そうなる前に根本から変えなければなりません。

日本製鉄の赤字は国家全体の問題なのです。しかし、経団連で自民党とともに国際金融資本に尻尾を振りつづけてきた幹部連中には変革することはできないでしょう。若い世代に期待するしかありません。日本製鉄の若手社員の皆さんの力で根本改革が行われることを期待します。

イオン「利益率0・3%」の現実

小売店最大手の**イオン**が赤字に転落しました。

創業は1758年で、岡田惣左衛門が「岡田屋」を設立したのが始まりです。1758年は江戸時代の9代将軍、徳川家重の時代です。積極的な経済政策を打ち出した一方で賄賂で失脚した、田沼意次が力を振るう少し前です。創業262年、日本屈指の歴史ある老《し》舗《にせ》企業です。

2020年1月10日、そのイオンで23年ぶりの社長交代が発表されました。創業一族で、イオンを日本最大のショッピングモールに育てた岡田元也社長が代表権のある会長になったのですが、イオンにおける天皇のような存在だった岡田氏が社長を交代した背景には、そうせざるを得ないだけの異常事態が進行していたのです。

ちなみに岡田元也氏の実弟は元民主党代表で民主党政権時代には外務大臣などを務めた岡田克也衆議院議員です。

日本を代表するエスタブリッシュメント一家の岡田氏に何があったのでしょうか。


その理由のひとつがイオンの子会社である「カジタク」での大規模な不正会計問題です。カジタクとはその名の通り、家事の宅配サービスをしている会社です。イオングループは2019年3～11月に63億4300万円の純損失を出しました。カジタクの不正会計が判明し、その処理を行ったことで下方修正を余儀なくされたのです。

当初予定は45億円の黒字でした。前年同期は6億3000万円の黒字だったので、約7倍の利益が出る予定だったのが、一転して大幅なマイナスとなったのです。

イオンの基本情報をおさらいしておきましょう。

国内のスーパー売り上げの上位3社は「イオン」、「セブン&アイHD」、「イズミ」です。

	売り上げ	純利益	利益率
イオン	8・6兆円	268億円	0・31%
セブン&アイHD	6・6兆円	2181億円	3・28%
イズミ	7443億円	199億円	2・68%

このように事実上、イオンとセブン&アイHDの2強であることがわかります。ただし、セブン&アイHDは何といっても国内最大のコンビニチェーン「セブン-イレブン」の売り上げが大きいため、スーパーマーケットのカテゴリーにおいてはイオンが圧倒的だといっていいでしょう。

そのイオンは売上業界1位にもかかわらず利益率はわずか0・31%にすぎません。本業で利益が出ていないのです。いま改革できないと10年後には倒産の危機にあります。そのために、長年社長に君臨していた岡田氏が交代することになったのです。後継の吉田昭夫氏は赤字が続いた中国事業を19年2月期に黒字化し、14億円の営業利益を計上するなど、実績をあげてきました。イオンモールの社長も務めています。その経験をイオンの再建に生かすことが期待されています。

「本業」が赤字になった

そもそもイオンの本業が不調に陥った理由はなんでしょうか。私はデジタル戦略での出遅れだと分析します。いま、世界ではＡｍａｚｏｎをはじめとするＥＣ（ｅコマース）の台頭が顕著です。イオンもその流れに乗ろうと、２０１８年にはアメリカのインターネット通販のボックスドに出資しました。２０１９年にはイギリスのネットスーパー、オカドと提携。しかし目立った成果があがっていないのが現状です。

吉田新社長は就任前、デジタル事業について「特に強化していきたい。リアルとオンラインをどうやって融合していくか。社内で人材を集め、チームを作って対応する」と語りました。しかし抽象的な説明に終始しており、先のプランは見えてきません。

コロナショックのさなか、ドラッグストアやスーパーは連日、お客さんでごった返し、人数制限などの「三密」対策をしなければならないほどでした。

近年、イオンが急拡大できた背景には大きな規制撤廃がありました。１９７３年に制定された大規模小売店舗法（大店法）は、大型店の出店を規制し、中小の小売店を保護、育成することを目的としたものです。

この法律に対して、１９９０年2月に日米の貿易格差を縮小する目的で行われた日米構造協議で、アメリカは「大規模小売店舗法は非関税障壁で、地方自治体による上乗せ規制を含めて撤廃すべきだ」と要求します。翌年には大店法が改正され、大型店舗が出店できるようになりました。さらには2000年に法律自体が廃止されました。ダイエー、イオンのような大店舗に有利な仕組みに変わったのです。こうした流れの中で、駅前の商店街は急速に衰退していき、地方の郊外ではみんながダイエー、イオンに行き、街の小さな商店は姿を消していったのです。

次にイオンの経営状態について検証していきましょう。2019年3~5月期の連結決算は純利益でマイナス43億円となりました。カジタクの不正会計処理による減損分を一括処理した結果、赤字に転落したのです。

イオンの種類別事業は、

・GMS（総合スーパー：事業「イオンモール」）
・SM（スーパーマーケット：事業「マックスバリュ」）
・ヘルス&ウェルネス
・総合金融（イオン銀行など）

・ディベロッパー（不動産業）
・サービス・専門店
・国際

となっていますが、売り上げの72％をＧＭＳ、ＳＭが占めています（２０１９年度第２四半期）。それに対して、営業利益は総合金融事業が３４６億円ともっとも多く、次にディベロッパー事業が２８２億円、ヘルス＆ウェルネス事業とサービス・専門店事業がそれぞれ１６９億円と続きます。売り上げの大きいＳＭは25億円と利益が少なく、ＧＭＳに至ってはマイナス75億円の赤字となっています。

このＧＭＳの赤字は大きな問題です。イオンにとってＧＭＳこそが一番の本業だからです。

事業ごとに利益率で比べてみましょう。もっとも利益率の高いディベロッパーは15・２％、総合金融は14・４％です。これに対して、ＧＭＳはマイナス０・５％、ＳＭは０・１５％で、ほとんどゼロだといっても過言ではありません。

営業利益も利益率も総合金融、ディベロッパー部門が好調。これがいまのイオンの姿を示しています。主なイオンのビジネスモデルをあげていきます。

〈イオンのビジネスモデル1〉

小売業で安さを売りにお客さんを集める（フロントエンド）。次に、ポイント還元で関係性を深める。さらには「イオン銀行で住宅ローンを組めば、イオンのお買い物は最大50%オフ」などとして、金融事業へ誘い込む（バックエンド）。イオンはことあるごとにポイントを付与しますが、イオンのクレジットカードとイオン銀行のポイントを連動させて顧客を囲い込むことによって金融業として大きな利益をあげられるというわけです。

イオン銀行の預金額は3・7兆円で、これは中規模の地銀と同じくらいの規模です。しかし、問題はそもそも銀行業も儲からない時代になっているということです。

〈イオンのビジネスモデル2〉

イオンの不動産業務は「ディベロッパー」です。「イオンモール」として商業施設を作り、誘致したテナントから出店料を受け取るビジネスです。イオンモールは多数の集客が見込めることが、出店者に対するアピールになります。

しかし、広大な敷地に大規模なハコモノを建設するため、初期コストが莫大にかかるのです。その回収のために出店料や保証金を割高にする必要があり、売り上げのあがらない出店者の撤退も起こっています。

イオン本体の利益も出ていません。イオン自体が利益を出せない場所に他の店を出しても利益は出せないのです。このディベロッパー事業を改善するためにも「いかに本業で儲けを出せるようにするか」という根本的な問題の解決に取り組むべきなのです。

「巣ごもり」や「外出制限」で内食が伸びましたが、長期的に見ればイオンには厳しい状況が続くでしょう。しかし、元をたどってみると、日本中どこへ行っても商店街をシャッター街に変えたのがこのビジネスモデルです。そのイオンも先行きが暗いというのはまさに因果応報です。

かつて、民主党政権時に岡田克也氏が、「この商店街をシャッター街にしたのは自民党政権だー！」と演説したところ、「お前の家のイオンのせいだよ！」と野次られた、ということがありました。実に的を射たヤジです。

それからもう一つ、「イオンと天下り」についても見ていきます。２００９年に民主党が政権を取ったとき、「天下り根絶」を公約にうたっていました。しかし、その民主党幹部だった岡田克也氏の実家であるイオンでも「天下り」が疑われるようなケースが見受けられます。

元大蔵省理財局長で金融庁総務企画局長などを歴任した原口恒和《はらぐちつねかず》氏は２００７年10月に株式会社イオン銀行代表取締役会長となりました。金融業界を所管する金融庁の幹部を自分の銀行に招き入れたのです。原口氏はその後、２０１０年３月にイオン株式会社総合金融事業の共同最高経営責任者、２０１３年３月にイオン株式会社執行役等を経て、２０１４年３月にはイオンフィナンシャルサービス株式会社代表取締役会長兼社長に就いています。ここまで重用するのはなぜでしょう。イオン銀行の発展に大貢献したからに違いありません。

それからもう一人は元検事総長の但木敬一《ただきけいいち》氏です。日本の法曹界のトップである検事総長経験者をイオンは２００９年５月に取締役として迎えます。この但木氏は小泉政権だった２００６年６月30日に第23代検事総長に就任しました。さらに麻生政権だった２００９年４月には政府の内閣官房安心社会実現会議メンバーにもなっています。政府にも非常に近い人物です。

２００８年にイオンのドラッグストアグループであるウエルシアホールディングスが寺

島薬局を子会社化した際、オーナー一族やウエルシア関東の関係者、イオンのドラッグストア担当部門が事前に寺島薬局株を購入していたのでは、という疑惑が浮上しました。要するに「インサイダー疑惑」です。この件はなぜか事件化しませんでしたが、こうした企業の取締役に元検事総長が就いていること自体、きな臭さを感じます。

「地域コミュニティ」を破壊した

イオンの大株主リストを見ると、ソフトバンクグループと心中しそうなみずほ銀行、CLOを大量保有する農林中金が入っているのが気になります。

資産状況も悪いといわざるを得ません。

イオンの取締役に就任した
但木敬一元検事総長

2019年度のイオンの有価証券の状況を見ると、1263・95億円が「その他有価証券」となっています。「その他有価証券」とは、元本不保証のリスクの高い金融商品です。今後いつ爆発してもおかしくありません。

また、同規模のセブン&アイHDよりも2・5倍も長期借入金が多いのも気になります。イオンはモールの出店料で儲ける不動産業なので、どうしても借入金が多くなります。

ライバルのセブン＆アイＨＤはフランチャイズオーナー制度で「セブン－イレブン」のシェアを広げてきましたが、それに比べて経営としてのリスクがかなり高いのです。広大な敷地に巨大なビルを建てるので、借り入れも多くなります。そのため、出店料も低くすることができないのです。

東日本大震災の後、被災地で「復興支援」と銘打ってイオンモールをたくさん建てました。しかし地元商店は高い保証金を払えず出店できないでいます。結果、地元商店街は駆逐され、イオンモールだけが残りました。

しかし、モールとは本来は「市場」です。「市場」とは公共のものであるべきです。若い人たちが自由に参加でき、切磋琢磨できる場、社会のために頑張る人たちが集まる場であるはずです。それこそが公共性がある市場です。

これは日本社会そのものにもあてはまります。若い人たちが生き生きと暮らせない社会に未来はありません。イオンの本業の利益が出ないのは、そこに面白い人、地域の人たちがいないからです。真逆のことになっているのです。その結果、地元の商店街をぶっ潰し

閉鎖されたまま放置されるイオン上峰店

ています。つまり、公共を破壊する結果を生んでいるのです。

佐賀県にあった「イオン上峰店」は業績不振を理由に２０１９年２月閉店しました。今後、金融危機が来たら全国で閉店が相次ぐ可能性があるでしょう。

私の地元の愛媛県今治市にもイオンはあります。

２０１６年４月にオープンした「イオンモール今治新都市」の売り上げは、目標の半分程度しかありません。私も歩いてみましたが、平日夜の飲食店街にはまったく人がいない惨状です。いくら便利でもつまらないモールに人は集まらないのです。

ちなみにこの「イオンモール今治新都市」はあの加計学園問題で話題となった岡山理科大学獣医学部の近くです。これが現実です。加計学園ができても特に地域経済は潤っていません。これが現実です。

ショッピングモールの売り上げが苦しくなっているのは景気の低迷も大きな理由です。庶民の所得が下がっているので、モールを歩いている人は多くても、お金は使えないのです。

イオンが商店街を潰し、資本主義がイオンを潰す。その過程で地域コミュニティを崩壊させ、地方はもはやぺんぺん草も生えない状況になってしまいました。

そのうえ、Ａｍａｚｏｎが本格的にネットスーパーを始めるかもしれません。ネットショッピングでイオンがＡｍａｚｏｎに対抗できるでしょうか。

本業で利益が出ていないのであれば、何よりも本業の立て直しをするのが急務です。

楽天　携帯電話事業の誤算

もはや説明は省いてもいいほど日本のＩＴ業界を代表する大企業です。ネットショッピングのモール「楽天市場」を運営し、日本最大の発行枚数を誇る「楽天カード」によるクレジット事業のほか、楽天銀行や楽天トラベルなどを傘下に抱え、「楽天経済圏」を構築することを目標としています。

その**楽天**が２０１９年12月期で３１８億円の最終赤字を記録しました。

このままではＡｍａｚｏｎに完全に駆逐されてしまう、と見ています。

楽天が最終赤字となったのは８年ぶりですが、最大の要因はライドシェア事業を行うアメリカのリフト社の株価が暴落したことにあります。ライドシェアはウーバーが代表的な存在ですが、日本語にすると「白タク」です。日本では第二種免許などの資格が必要とされますが、アメリカでは、リフトやウーバーの参入で明日から誰でもタクシーの運転手になれます。そのリフト社を楽天は買収していたのです。

このリフト社の上場主幹事も、国際金融資本のひとつ、ＪＰモルガンです。

楽天はリフト社の筆頭株主になっています。

ライドシェアと聞くとかっこいいイメージがありますが、すでに述べたように「白タク」です。竹中平蔵氏が旗振り役として、ウーバーやリフトの営業許可を支援していますが、日本では未だ認められていません。日本で認可が降りていない理由は安全等の問題があるからです。そのため日本でウーバーはライドシェア事業を行うことはできませんが、ウーバーイーツは「出前」として認知されています。

２０２０年４月、楽天は携帯電話事業に新規参入しました。ほぼ三木谷浩史社長の独断での参入だったと言われています。しかし、携帯電話事業は先行投資が大変にかかり、経営の大きな重荷となっています。三木谷氏は「携帯電話事業に革命を起こす」と鼻息は荒いものの、プランの実態が明らかになると、ネット民から楽天モバイルをもじって「落胆モバイル」と揶揄されています。

国内では大手3社による寡占状態が続いている携帯キャリア事業で楽天が割って入るのはきわめて困難です。携帯キャリアがもっとも重視している「通信量大容量プラン」を比べてみます。大容量プランは月額の使用料が高いため経営上重要なのです。

NTTドコモ　　　7150円
au（KDDI）　7650円
ソフトバンク　　7480円
楽天モバイル　　2980円（※auの回線を借りているエリアは通信5GBまで）

楽天は「先着300万人無料」のキャンペーンで集客を図っていますが、データ通信量が無制限となるエリアが3大都市圏に限定され、失望を招きました。そもそもこんなに安く設定してはたして儲けは出るのでしょうか。

実は、携帯電話事業の発足直前に、推進の中心人物だった幹部二人が電撃的に退社していたことが明らかになっています（楽天モバイルの徳永順二副社長と、マーケティング担当の大尾嘉宏人氏）。退任の理由ははっきりしませんが、三木谷社長と何らかの意見の対立があったのではないかとみられています。その対立の大きなポイントのひとつが、この使用料金にあったというのです。とくに徳永氏は2980円という設定に批判的で、「その価格ではやっていけない」

と言ったという報道もあります。携帯電話事業に通じている徳永氏の反対を押し切って、三木谷氏が独断で価格を決めたというのです。

続いて時価総額を比べてみます（2020年7月6日時点）。

ソフトバンク　6・6兆円
NTTドコモ　9・4兆円
KDDI　7・4兆円
楽天　1・4兆円

時価総額が5倍以上のドコモやソフトバンクを相手にして楽天が仕掛けたのは価格競争です。価格競争とはすなわち「体力勝負」で、単なる価格競争では規模が10倍の相手に絶対に勝てません。革新的なサービスを隠し持っている様子もありません。どのような経営の教科書にも載っていない愚策です。

携帯電話で重要なのは基地局の数です。近くの基地局を通じて通信を行うので、基地局が少なければ繫がりにくくなり、ユーザーからすると不便を被ります。

もともと国営企業だったNTTドコモが圧倒的に有利なのですが、そのNTTドコモと楽天の基地局数を比べてみます。

NTTドコモ　22万9700（4Gのみ）
楽天モバイル　3300

楽天は2026年3月までに2万7397局まで増やすとしていますが、それでも一桁違います。戦車で来た敵に対して竹槍で立ち向かうようなものです。

楽天の経営悪化は2020年に入っても続いています。2月28日の発表によると、単独決算で56億円の営業赤字を出しました。商品配送費や配送センターなどの設備投資がかさんだためとしています。楽天は発送を加盟店に任せていたため、送料や到着までの時間にばらつきがあるのが弱点とされていましたが、三木谷社長は新たな投資によってその弱点を補おうとしているようです。

本格的な金融危機はこれからです。それなのに、いま現在の時点で本業のECで利益が出ない体質にあるわけです。金融危機が本格化すれば、きわめて危うい状態だといわざるを得ません。もはやAmazonとの競争には負けつつあるのです。

ここで、時価総額を比較してみましょう。

Amazon　100・7兆円　世界4位
アリババ　59・7兆円　世界6位
楽天　1・3兆円

この時価総額の規模の違いをみれば一目瞭然ではないでしょうか。IT業界は、革新的なサービスを開発して一挙にシェアを奪うチャンスもあります。しかし、あらかたのサービスは発明されてしまっています。成熟してくると体力がものをいいます。Amazonは楽天の100倍の規模です。対して、ほとんど日本国内市場だけで、しかもその国内でもAmazonに負けつつある状況です。

ソフトバンクに吸収されるのか

そもそも楽天の本業はどういった点が問題なのでしょうか。楽天とＡｍａｚｏｎの比較をしてみます。

◯Ａｍａｚｏｎ
・徹底的な物流の効率化
・世界で70機の航空機を運行
・リスクテイクの直売モデル

◯楽天
・リスクを取らない出店料モデル
・小さな商店任せのため効率化は不可能

ビジネスモデルでも、Ａｍａｚｏｎのほうが圧倒的に効率化されています。いまのままなら楽天はＡｍａｚｏｎに駆逐されます。

二兎を追う者は一兎も得ず、といわれるように携帯電話事業をいますぐやめないと本業でＡｍａｚｏｎに早期に駆逐されてしまうでしょう。

楽天はいま、「楽天カード」や楽天銀行など金融業で大きな利益をあげていますが、その根本はＥＣです。ＥＣによってポイントを付与することが、楽天カードや楽天銀行などへの導因となっています。イオンの項で、実店舗での購買によってポイントを付与して金融業に誘導していると書きましたが、楽天も同じです。つまり、ＥＣが崩れれば、金融業もまたアドバンテージを失うのです。

楽天を取り巻く環境は悪化する一方です。公正取引委員会は楽天に対して独占禁止法に基づく緊急停止命令を東京地方裁判所に申し立てました。公取委が同命令の申し立てを行うのは実に16年ぶりです。公取委の本気度が伝わってきます。

この原因は２０２０年3月18日から楽天市場で３９８０円以上購入した場合に、送料を無料とすることを一方的に店舗に通達したためです。これに反対する楽天ユニオンが立ち上がり署名運動を展開、これを公正取引委員会に提出したため、公取委が動き出したのです。

結局楽天は送料無料の一律導入を見送らざるを得ませんでした。

一時は、孫氏が楽天の買収に興味を持っていると報じられましたが、時価総額1兆円を超す楽天を買おうと思えばかなりの資金がかかります。もはやソフトバンクにその余裕はないでしょう。

ソフトバンクの孫正義氏だけでなく、楽天の三木谷氏も危機となれば、日本におけるIT起業家の雄が壊滅状態になります。国民のため、国家のために本気になればGAFAを慌てさせる知恵も出てくるはずです。若手IT起業家の誕生を期待します。

第3章　世界金融の番人・ＦＲＢと日銀

日銀は国営企業ではない

皆さんは普段何気なくお金を使っていると思います。モノやサービスと引き換えに応分の紙幣や硬貨を支払っています。しかし、子どものころを振り返ってみると、「どうして、ただの紙切れで玩具やお菓子と交換できるのだろう」と感じた人もいるかもしれません。「壱万円」「五千円」「千円」とただ紙切れに書いてあるだけではないか、と。

わかっていそうで実はよくわかっていない「お金の仕組み」についてお伝えしようと思います。まずは「銀行の中の銀行」と呼ばれ、日本で唯一、紙幣（銀行券・日銀券）を発行できる、日本銀行（日銀）についてお話ししようと思います。

あまり知られていませんが、日銀は東証JASDAQ《ジャスダック》に上場しています。証券番号は8301です。日本政府が55％、民間が残りの45％を出資しています。民間の出資者に関しては非公開です。どこの誰がどれだけ日銀株を保有しているのかわかりません。日本の財閥でしょうか。相当なエスタブリッシュメントが保有していそうですが、もしかしたら欧米の国際金融資本家が握っているのかもしれません。日銀の利益は国庫に返納されますので、直接株主に巨額の配当がなされているわけではありませんが、日銀にまつわるお金の流れは詳細まで国民に公開されているわけではありません。日銀の株主たちによって、一部の金融家の経済利得を増やすための意思決定が行われている可能性さえ否定できません。

日銀は日本政府からも独立した法人で国営ではありません。発券ができ、金利の基準を決めるなど国の金融システムの中核を担う特別な銀行です。しかし、国営ではありません。公的資本と民間の資本で存立しています。２０２０年７月現在、１１３兆円の日銀券を発行し、５１５兆円もの国債を買い入れています。日本銀行法によって株主の議決権はありませんが、株主の利益を最大化する役目を担うことは否定できないでしょう。

日銀は１８８２年（明治15年）、大蔵卿（現・財務大臣）の松方正義により創設されました。日銀は明治時代の近代化における殖産興業の中核を担いました。

日銀のホームページに「Q&A」があり、「日本銀行創立の経緯について教えてください」という問いにこう返答しています。

日銀のバランスシート

資産の部 651兆円	負債の部 651兆円
国債 515兆円	発行銀行券 113.5兆円
投資信託 33兆円	当座預金 446兆円
	純資産　3.3兆円

2020年7月10日時点

「明治維新以降、わが国は積極的な殖産興業政策を展開していましたが、財政的基盤のまだ固まっていない政府は、その資金の調達を不換紙幣の発行に依存せざるを得ませんでした。

そうした中、明治10年（1877年）2月に西南戦争が勃発し、大量の不換政府紙幣、不換国立銀行紙幣が発行されたことから、激しいインフレーションが発生してしまいました。

そこで、明治14年（1881年）大蔵卿（現在の財務大臣）に就任した松方正義は、不換紙幣の整理をはかるため、正貨兌換《だかん》の銀行券を発行する中央銀行を創立し、通貨価値の安定を図るとともに、中央銀行を中核とした銀行制度を整備し、近代的信用制度を確立することが不可欠であると提議しました。

こうして、明治15年（1882年）6月、日本銀行条例が制定され、同年10月10日、日本銀行が業務を開始するに至りました」

渋沢はロスチャイルドの孫弟子

松方は1878年に渡欧し、フランス財相のレオン・セーに指導を受け、中央銀行設立のノウハウを学びます。レオン・セーは経済学者のジャン・バプティスト・セーの孫で、北部鉄道会社に入社すると役員となります。北部鉄道会社はロスチャイルド家保有の会社です。その後、ロスチャイルド家が保有するサラゴサ鉄道でも役員を務め、何度もフランスの財務大臣のポストに就きます。金融ブルジョアジーの代弁者として、また鉄道会社の弁護人として大きな影響力を築いたのです。そのレオン・セーから松方は日銀設立のノウハウを学んでいます。

日銀にはもう一人、重要な人物が関わっています。

２０２４年、刷新される予定の紙幣で一万円札の顔となる人です。松方と同様、フランスで金融業や銀行業を学んだ渋沢栄一です。

アルフォンス・ド・ロスチャイルド男爵

渋沢は１８６７年、パリ万博で銀行家のフリューリ・エラールから銀行業・近代の金融業を学んでいます。エラールのボスがアルフォンス・ド・ロスチャイルド男爵です。アルフォンスはフランス・

ロスチャイルド家の総帥です。

1873年、大蔵省を退官した渋沢は三井組を筆頭とした日本最初の銀行である「第一国立銀行（後のみずほ銀行）」の設立に関わり、後に頭取に就任しました。この第一国立銀行は日本初の株式会社でもあります。

1882年に日銀ができるまで、渋沢が頭取を務めた第一国立銀行が紙幣を発行しました。1896年になると第一国立銀行は第一銀行となります。以後、渋沢は第一銀行をベースに実業界に身を置き、サッポロビール、帝国ホテル、日本郵船、東京海上日動火災保険、東洋紡、理化学研究所、東京証券取引所など多種多様な会社の設立・経営に関わりました。なぜそれができたのかといえば国立銀行が通貨を発行し、その後第一国立銀行となって以降もそれらの会社を生み育てたからです。江戸時代まで鎖国していたために近代化の波に乗り遅れていました。「殖産興業」「富国強兵」をスローガンにした明治政府は産業界を近代化するために銀行に融資させ、次々と会社を設立・育成したのです。この手法は銀行のあるべき姿です。中央銀行が各産業界を担う会社に融資をし、市場を創造していったのです。

しかし、問題もあります。欧米列強がアジアを虎視《こし》眈々《たんたん》と狙っていた時代なので仕方がない面もありますが、明治政府は韓国や中国、ロシアなどとの軍事衝突をも外交手段の一つとしていました。戦争を使って儲けよう、戦争を使って近代化を推し進めようとしたのです。この際、一部の政治家や資本家は中央銀行に出資し、軍事産業の発展に伴い莫大な資産を築いていったのです。

この構図はいまに繫がります。日銀は表向き政府から独立しています。しかし、経団連の中枢を担う企業は渋沢や三菱財閥の岩崎彌太郎を使ってロスチャイルドたちがつくらせたともいえます。明治時代から日本の政治・経済は欧米の金融資本家に牛耳《ぎゅうじ》られていたといえます。

国際金融資本がつくったＦＲＢ

日銀の設立も不透明ですが、ＦＲＢ（アメリカ連邦準備制度理事会）は設立から厚いベールに包まれています。いうまでもなくＦＲＢは基軸通貨のドルを増やしたり減らしたりできる世界経済の中核を担う銀行です。

ＦＲＢは12の連邦準備銀行が出資する共同体のような組織ですが、ここでも株主は非公開です。ただ、12の連邦準備銀行の中でもっとも規模が大きいニューヨーク連邦準備銀行の株主はＪＰモルガンです。他にはロスチャイルド、ロックフェラーも名を連ねています。つまりＦＲＢは国際経済の要でありながら、１００％の民間銀行で、ＪＰモルガンやロックフェラーなどの意向を聞かねばならない、というわけです。ＦＲＢは設立時からＪＰモルガンと深い関係にありました。

１９１０年11月22日、Ｊ・Ｐ・モルガンが保有するジキル島で秘密会議が開催され、ＦＲＢ設立の討議がなされたのです。参加メンバーを列挙します。

ネルソン・オルドリッジ　共和党上院議員　通貨委員会委員長
エイブラハム・アンドリュー　連邦財務次官　通貨委員会特別補佐官
フランク・ヴァンダーリップ　ロックフェラー財団代表
ヘンリー・ディヴィソン　ＪＰモルガン財閥代表
ポール・ウォルバーク　ロスチャイルド代表

アメリカの中央銀行は、ロスチャイルド、ロックフェラー、Ｊ・Ｐ・モルガンなどのいまも権勢を誇る国際金融資本家がつくった民間銀行です。これは私が捏造した話ではなく歴史的な事実です。もちろんアメリカ議会の承認を経て設立されていますが、１９１３年

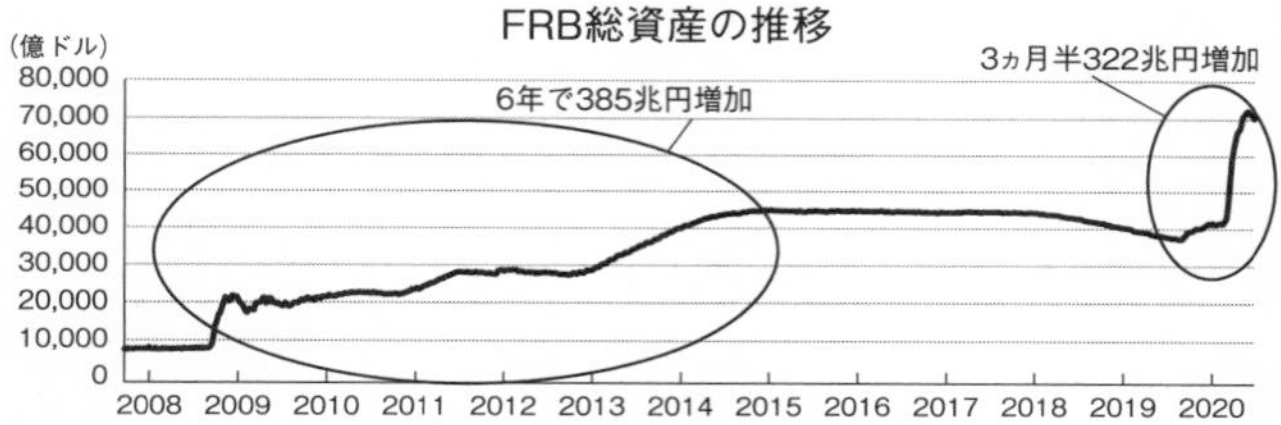

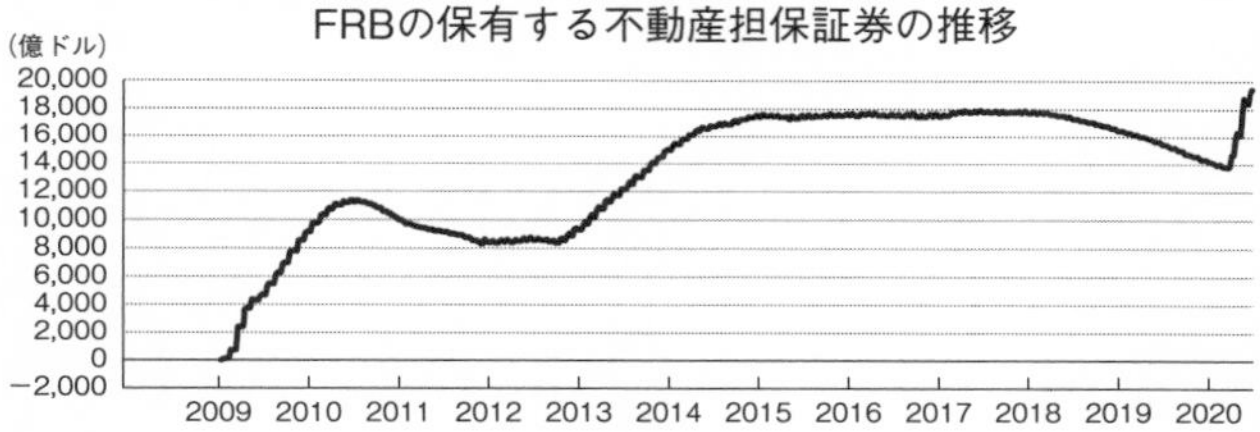

12月23日、上院議員が休暇で不在の隙をついてＦＲＢが設立されました。クリスマスの休暇中にあえて議決に持ち込んだといえます。きわめて不透明な形で設立されたＦＲＢが現在の世界の金融システムの中心にいます。

金融資本家が「もっと儲けたい」と思えば、ＦＲＢを利用しないはずはありません。すでに述べていますが、新型コロナウイルスの感染拡大で金融ショックが起きると、ＦＲＢを使って「無制限の金融緩和」を明言し、傾きかけた金融システムを強引に引き戻しました。上の図のように総資産だけでなく不動産担保証券の保有額も激増しています。「弾はいくらでもある」として過去にない金融緩和で、ドルを世界にばら撒き、それによって世界市場の暴落をなんとか防いでいるのです。

この歪《いびつ》な事実をまずは皆さんに知っておいてほしいと思います。

「紙幣」を発明した男

本章冒頭に戻りますが、そもそも「お金」とは何でしょうか。日本の預貯金は2019年4月の時点で1358兆円です。これに対して日本銀行券は109兆円しかありません。日本銀行券とは一万円札、五千円札などの紙幣です。紙幣は109兆円ですが、バランスシートの上ではその10倍以上記載されています。お金はただの銀行預金の数字です。皆さんの通帳や会社の帳簿、コンピューターの上に記されたただの数字に過ぎないのです。実態はお札すらないのにそれでも皆さんの社会生活に支障をきたすことはありません。これから少しだけ歴史の勉強となります。

紙幣の起源は、17世紀にロンドンのゴールドスミスが発行した約束手形にさかのぼります。

17世紀は金や銀を物品やサービスと交換していました。金や銀を溶解したり定められた純度で金貨や延べ棒を再精錬する、金細工職人（ゴールドスミス）という仕事がありました。彼らがつくった金や銀が「お金」として商人同士でやりとりされていました。多くの食料を買おうと思えば応分の金や銀の現物を持っていかねばならず、不便です。

金や銀をたくさん持っているとまずは重たいですし、さらに強奪される心配があります。大きな取引をするたびに強盗に対するリスクも鑑《かんが》みねばならないのです。

ゴールドスミスは職業柄、頑丈な金庫を持っていたので、商人たちはゴールドスミスに金を預かってもらうことにしたのです。ゴールドスミスは金を預かった証明として「約束手形」を商人に手渡しました。手形は紙ですから携帯するのに便利でした。強奪される心配も格段に減ります。

手形は「持ってきた人に金と引き換える」としていたので、金や銀の代わりに商人の間で流通するようになっていきます。

ゴールドスミスは、手形を管理している際、手形を実際の金や銀に引き換える商人がそれほどいないことに気付きます。

「金を引き出す商人はほとんどいない。手形はまるで金のように信用されて商人の間で流通している。であれば預かっている金の量以上に手形を発行しても気付かないのではないか。その手形を貸し出せば、金利でお金を稼ぐことが出来るのではないか」

ゴールドスミスはそう思い至りました。

実際の金の量と関連しない手形が大量に貸し出されるようになると、存在してもいない金から利息も取れ、ゴールドスミスは羽振りがよくなったのです。

飲めや歌えの大騒ぎです。それでもゴールドスミスの企みは見破られることはありませんでした。しかし、際限なく豪華な暮らしを続けるゴールドスミスを見て商人たちは不安になるのでした。

「ゴールドスミスがわれわれ商人の金を勝手に使い込んでいるのではないか」

そう疑われ、商人は手形を金と引き換えてもらうため我先に押しかけてきました。「俺の金や銀を返せ」と取り付け騒ぎが起きたのです。手形を持っていた商人が次々に金や銀と換えていきます。いつしか金庫は空っぽです。しかし、手形を持った商人は行列を成しています。ついにゴールドスミスの企みが発覚し、死刑になったのです。

しかしながら、ゴールドスミスが地味に暮らし、商人が不安を覚えず金を取りにこなければこのビジネスモデルは続いたのです。ゴールドスミスの企ては失敗しましたが、いまの銀行制度の「信用創造」はこの流れを引き継いでいます。信用創造をベースに生まれたのが、「万年筆マネー」といういまにつながる考え方です。銀行が、借り手のAさんの預金口座に１００万円を振り込む場合、それは銀行が保有する１００万円の現金をAさんに渡すのではありません。単に、Aさんの預金口座に１００万円と記帳するだけです。そして、この融資されて通帳に記入された１００万円の預金通貨は、Aさんが働いて返済すると消滅します。

このように銀行は、何もないところから、新たに１００万円の預金通貨を生み出すことができます。これを「万年筆マネー」といいます。銀行員は融資をするときに、借り手の通帳に「１００万円」と万年筆で記入するだけだからです。

錬金術のようなものですが、これは銀行で一般的に行われています。実際に現金は動いていません。帳簿に記録されただけです。それでもお金が動いたことになったのは「信用創造」があるからです。

この信用創造がさらに進んで、１９３０年代、各国は金本位制から管理通貨制度に移行し、１９７３年の変動為替相場制への転換を経て、現在に至ります。簡単にいうと銀行に金がなくともお金がいくらでも刷れるようになったのです。善悪でなくそう変化しました。

銀行が万年筆でサラサラと書くだけでお金になります。いくらでも発行が可能となります。ただ、大量に発行すると、ゴールドスミスが派手に暮らしたことを不審に思い、商人が手形を金と引き換えてもらうため我先に押しかけてきたように、疑われて預金者が殺到し、銀行が倒産してしまうのです。

「利ザヤゼロ」の時代が到来

ゴールドスミスが行ったように銀行は万年筆でお金を発行し、貸すことで金利を得ることができます。しかし、逆にいえば、銀行は誰かに貸さないと儲からないのです。安い金利で預かったものを高い金利で貸す、その「利ザヤ」で儲けていたのです。しかし、世界はゼロ金利、マイナス金利です。お金を借りたい人も減っています。金利がゼロです。しかも、貸出先が失われ、銀行はハイリスクな金融商品で利ザヤを稼ぐようになってしまったのです。

前著でも触れましたが、大切なことなのでもう一度おさらいをします。

いま金融の世界でいちばんリスクの高い金融商品は、「CLO（Collateralized Loan Obligation：コラタラライズド・ローン・オブリゲーション）」という商品です。

CLOはローン担保証券と呼ばれるものです。簡単にいうと、金融機関が事業会社に対して貸し出している貸付債権（ローン）を証券化したものです。このCLOの大多数を占めるのが、「コベナンツ・ライト・ローン」と呼ばれるものです。コベナンツとは「融資条件」を意味します。それがライトである（つまりほぼない）ローンがコベナンツ・ライト・ローンなのです。これはあのリーマン・ショックの発生源となったサブプライムローンとほぼ同じです。通常であれば融資できないレベルの人に貸し出した住宅ローンがサブプライムローンでした。一方、このコベナンツ・ライト・ローンは個人でなく企業向けの、「融資条件がほぼない」ローンです。これを証券化したCLOがいま、世界の金融危機の中心にあるのです。

CLOの前提としてあるのが、「レバレッジドローン」と「ハイイールド債」です。レバレッジドローンとはLBO（レバレッジド・バイ・アウト）という買収手法に用いられていたローン手法で、端的にいって信用が低い企業向けのローンのことです。

ハイイールド債は金利が高い債券のことです。金利が高いということはすなわちリスクが高いことを示しています。あまりにリスクの高い債券はすなわち事実上の「ジャンク債」です。CLOとはレバレッジドローンであり、ハイイールド債であるわけなので、まさにジャンク債です。つまり、ゴミのような債券で、きわめて危険なのです。

この世界でいちばん危険な金融商品を、世界でもっとも大量に保有しているのが実は日本の金融機関なのです。中でも農林中金の保有量は図抜けていることはすでにお伝えした通りです。銀行のほか、地銀や生命保険会社もハイリスクな金融商品を保有しています。つまり日本の金融業界に当たり前のように危険な金融商品が浸透しているのです。

「3文字略語」の金融商品

2008年のリーマン・ショックを引き起こした原因について、振り返ってみましょう。その震源地は「サブプライムローン」の破綻でした。サブプライムローンとは「サブ（準ずる）」＋「プライム（信用）」。つまり、「信用が十分でない人」へのローンです。信用がないとは要するに、返済能力が十分ではない人のことです。

たとえば年収300万円の人に8000万円の住宅ローンを組ませたら、順調に完済で

株価と住宅価格、工業生産の乖離

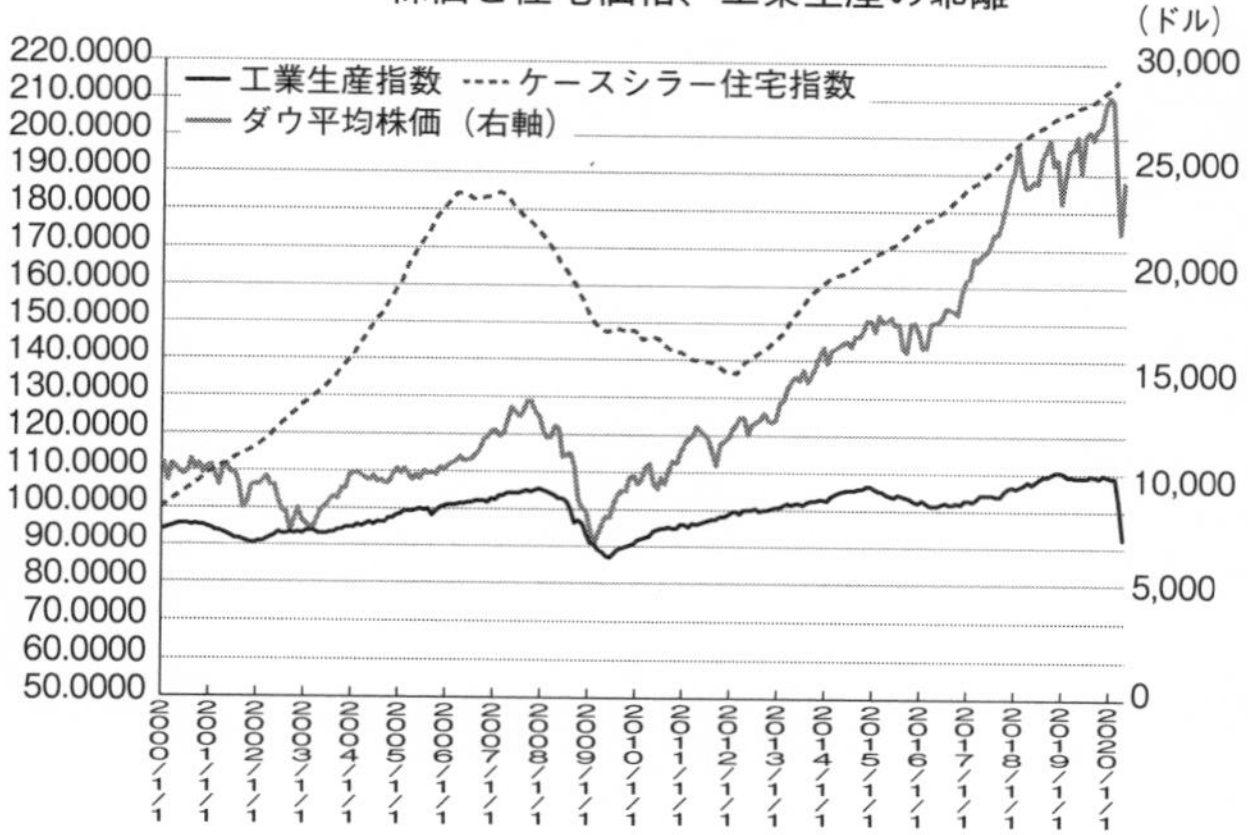

きると思いますか。返済できずに「焦げ付く」可能性が高いことは明らかです。通常、融資は年収や担保に応じて貸し付けの金額を決めます。しかし、返済能力を十分に考慮せずに貸し付けてしまったのが、サブプライムローンなのです。

サブプライムローンを組んだ顧客は、当然そのままでは返済できません。しかし、不動産価格が上昇していたこともあり、焦げ付くリスクは低いとしてきました。そして、その債権が金融機関に転売されていきました。

しかも、それはいくつかの債権とまとめてCDO（債務担保証券）という形の金融商品として販売されていました。そして、その商品に対して、「A」「B」「C」などの格付けが付与されています。本来であれば、返せるわけのない低所得者によるローンの債権があらゆる形に変わって金融商品として売られていたのです。それも、わけのわからない形にして、優良な格付けがつけられている。しかし、その中に「ゴミ同然」の爆弾が紛れこんでいたというわけなのです。

ですから、この金融商品が爆発するのは時間の問題でした。返済能力の低いローンが焦げ付くのは当たり前だからです。それが各地で焦げ付き、債権を持っている人の資産が一気に失われたのがリーマン・ショックです。リーマン・ショックのあと、一時的に住宅価格や株価は急落しましたが、その後再び高騰しています（前ページグラフ参照）。貸したお金を証券化して、投資信託に混ぜてハイリスクの商品をトリプルAの格付けで世界にばらまくという手法だったために、被害は乗数的に拡大していきました。それがハイリスクな金融商品の実態です。そこについているトリプルAという格付けは「安全」ではなく、金融資本家が「売りたい商品」の証であるに過ぎないのです。CDOやCLOなどわけのわからない「3文字略語」はものすごく危ない金融商品なのです。

基軸通貨・ドル崩壊の危機

より危険な金融商品がＣＬＯです。

ＣＬＯは「シャドーバンキング」とカテゴリーされる商品です。つまり、銀行が融資できないようなものだから、シャドーバンキングと呼ばれるのです。融資に足る信用のない、サブプライムな企業に融資して、その融資を証券化して売っているのです。これはサブプライムローンの企業版ともいえるものです。返済能力の低い「焦げ付くリスクの高い」ローンを証券化した金融商品がＣＬＯなのです。

このＣＬＯはシャドーバンキングと呼ばれるように、銀行の融資とは異なります。投資銀行などが企業のローンを債権化したもので、銀行法の適用外となる商品なのです。きわめてハイリスクな金融商品で、金融資本主義の権化であるゴールドマン・サックスなどによって作られた商品なのです。

ＣＬＯという危険きわまりない金融商品を農林中金は２０１９年末の時点で８兆円も持っています。リーマン・ショックの次なる金融危機が起これば、農林中金が吹き飛びかねないほどの爆弾です。

FRBが「無制限の金融緩和」で金融市場を支えていますが、CLOが焦げ付くのは時間の問題です。なぜかというと、CLOを発行しているような企業は、銀行が普通に融資できないほどに信用が足らない会社だからです。FRBが後ろからドルをこれでもか、とつぎ込んでいるからゾンビとして生きているように見えるに過ぎないのです。

どれほど長続きしても7年後には、本当の金融危機が訪れます。

そのときの金融危機は少なく見積もってリーマン・ショックの10倍以上です。最悪100倍近くになるかもしれません。

いまはFRBの金融緩和で持っていますが、早ければ5年くらいで起こるかもしれません。もう待ったなしです。そのCLOを大量に保有している農林中金は日本でもっともハイリスクな状況にあるのは間違いありません。

ゆうちょ銀行も1・5兆円、三菱UFJグループも2・5兆円保有しています。それなのに金融庁はなんの対処もしていません。彼らは外資の手先ばかりです。この状況をわかっていてCLOへの投資を黙認しているのです。

FRBはコロナショックの対処のために「無制限の金融緩和」に打って出ました。485兆円もの金融緩和を数時間の会議で決定したのです。金融業界が吹っ飛ぶと金融資本家は困るのでＦＲＢに多額の資金提供をさせたのです。さらに社債や政府系ＭＢＳ（不動産担保証券）の買い付けも宣言させました。元本保証のない金融商品をＦＲＢがドルを刷りに刷って買い支えることでコロナショックを何とかしようと目論んでいるのです。何とかなるのでしょうか。私のような尖った人間だけでなく、ロイターやブルームバーグでも、「ＦＲＢは実質的に財政ファイナンスの領域に入った」と報じるようになっています。

世界の株式市場はＦＲＢの空前絶後の量的緩和で保たれています。しかし、ＦＲＢの金融緩和もいつまでも続かず、いずれ撃つ弾はなくなります。間もなく、世界市場にドルが溢れかえっていることに多くの人が気付きだすことでしょう。

「ドルが市場に溢れかえっているのでインフレになるのでは？」

その通りです。こうなると新型コロナウイルスの蔓延のように誰も止められません。気がついたときにはあれよあれよという間にドルが崩壊し、ハイパーインフレを起こすでしょう。

新型コロナウイルス感染の蔓延は都市封鎖などの対処法がありました。しかし、基軸通貨のドルがハイパーインフレを起こすとどうなるのでしょうか。私にも正確な予測はできません。基軸通貨が崩壊したことはこれまでないからです。

マイルドなシナリオをとったとしてもドルが10％のインフレを起こしただけで一大事です。基軸通貨が10％インフレを起こせば、世界の金融市場のすべてがズレるということです。パニックに陥るでしょう。もちろん、1割から2割のインフレで済むはずもありません。はなはだしい混乱が起こるでしょう。

第４章　特別会計の闇

石井紘基議員を襲った暴漢

日本の予算内に連綿とシロアリが生き続けていることをご存知でしょうか。目の届かない床下に生息し、放っておけば家屋の土台を食い尽くしかねない危険なシロアリが、日本の予算内に潜んでいるのです。

この章ではシロアリ官僚とシロアリ特殊法人、そして新種のシロアリについてお伝えしようと思います。

皆さんは特別会計をご存じですか。２０１９年度予算で、一般会計は１０１兆４５７１億円を計上しています。特別会計は３８９兆５０００億円と一般会計の４倍近くもあります。この特別会計の中には年金、健康保険、米国債の購入費用などが含まれています。

小泉政権の塩川正十郎財務大臣は、

「母屋でお粥をすすっているときに離れですき焼きを食べている」

との名言を残しました。この特別会計を国会で何度も追及している国会議員がいました。民主党の石井紘基《いしいこうき》衆議院議員（当時）ですが、２００２年10月25日、白昼堂々、刺殺されたのです。国会で特別会計を追及している最中の刺殺でした。私は特別会計の中身をバラされたくない連中による「暗殺」ではないかと疑っています。

前日の24日、菅直人氏に「与党が引っくり返る」との言葉を残し、その翌日自宅前で刺殺されたのです。犯人は石井氏の持っていた資料が欲しかったのでしょう。握っていた左手の中指を切断し、鞄の中の手帳と資料を持ち去ったのです。この手帳と資料は失われたままです。

刺殺された石井紘基衆議院議員

石井氏は特別会計を追及するにあたりいくつかの言葉を残していました。

「資本主義の仮面をつけた官僚制社会主義国家」

「日本のGDPのうち6割は官製企業に吸い取られてしまい、まともな経済は4割しかない。これで国が保つわけはない」

石井氏は特別会計を追及するにあたり、63もの段ボール箱に資料を集めていました。不要な特殊法人にぶら下がる不要な天下り官僚を追及するための資料が眠っていたのでしょう。石井氏は10月28日の国会でその詳細を示す質問を予定していました。「これで与党の連中はひっくり返る」という言葉が、石井氏のダイイングメッセージとなってしまいました。

その具体的な内容がわからぬまま10月25日に刺殺され、帰らぬ人となったのです。特別会計について国会質問をされたくない勢力がいたのではないでしょうか。石井氏が国会で明かした一端を簡単に記します。

日本道路公団や年金福祉事業団などの特殊法人の下に3000社のファミリー企業があり、霞が関からの天下りが経営陣に名を連ねていました。日本道路公団は全国の高速道路・有料道路の建設や運営を担っていた特殊法人でした。予算は18兆円です。27・5兆円もの巨額な負債を抱えながら歴代の総裁は誰ひとり責任をとっていませんでした。総裁の年収は2400万円で、1期4年務めると退職金が1700万円です。現在は民営化されNEXCOと名前を変えています。

当時、石井氏をはじめ旧民主党から徹底的に叩かれていました。「第二の国鉄」といわれ、道路公団とファミリー企業との天下りや随意契約、不可解な契約などの実態が明らかになると、世論の非難を浴びるようになりました。

「天下りピラミッド」

いまでは考えられませんが、私が子どもの時代、サービスエリアで食事を摂ると「高くてまずい」は当たり前でした。レストランは道路公団のファミリー企業で、独占的に出店できるために企業努力をしていなかったためです。道路公団の職員平均年収は50歳で１１３０万円と大企業に匹敵する額です。４つの道路公団の総裁、副総裁などは国土交通省の役人の「天下りの指定席」でした。

国土交通省の役人は永年かかって「天下りピラミッド」を築き上げ、道路公団に天下るだけでなく、道路公団にぶら下がっているファミリー企業へも約４００人が役員として天下り、破格の給料や退職金を享受していました。それだけではありません。そこからさらに傘下のファミリー企業に天下るのです。数年で次のファミリー企業を渡り歩きます。驚くことにその都度、８桁、つまり１０００万円以上の退職金がもらえます。

この「渡り」ができるような役人は各省庁でも出世した官僚の特権でした。当時、その言葉はありませんが、いま皆さんが使っている「上級国民」とはまさに彼ら「天下り」と「渡り」を繰り返す「お役人様」のことです。放漫経営のツケである27・５兆円もの負債の返済や上級国民への報酬の原資はわれわれが使用した高速道路代であり、そこに税金も投入されていたのです。

２００４年6月、小泉政権で道路公団は民営化されました。それにより、随意契約もほぼなくなりました。自由な競争にさらされ、「高くてまずい」レストランは淘汰され、高速道路のサービスエリアでおいしいメロンパンも売られるようになったのです。

ただ、ファミリー企業のいくつかは存続しています。霞が関の頭の良い人たちがあの手この手で自分たちの省益を守り抜くために形を変えて生き残っています。逆に民営化されたために国会のチェックが行き届かなくなった側面もあります。ＮＥＸＣＯや傘下のファミリー企業のトップの報酬や退職金は明らかにされません。

ノンフィクション作家で、のちに東京都知事になった猪瀬直樹氏も、この特殊法人に切り込みました。２００１年、小泉政権下で道路関係四公団民営化推進委員を務め、２００4年6月に道路関係四公団民営化関係四法成立、猪瀬氏は分割民営化の立て役者となりました。２０１２年に都知事に就任し、五輪誘致を果たしましたが、医療法人徳洲会からの資金提供問題が取り沙汰されると２０１３年12月、辞任しました。猪瀬氏は殺害されはしませんでしたが、政治生命を断たれました。猪瀬氏の驕《おご》りから招いたことなのか、何らかの勢力の思惑が働いたのか、私には判断がつきかねます。

小泉政権では、道路公団の追及にとどまらず、

「特殊法人は利権の温床」

「特殊法人は税金をつかみ取っている」

とのレッテルを貼り、どんどん民営化を推し進めたのです。自民党の派閥政治とは一線を画していた政治家が突如トップに躍り出ることで、特殊法人改革も断行できたのです。

歴代厚生相の地元にグリーンピア

厚労省の役人の天下り先だった年金福祉事業団は年金積立金を湯水のように使って全国に「グリーンピア」という大規模保養施設を作っていました。

グリーンピアは施設によっては1ヵ所で200億円以上を投入し、広大な敷地に建設された年金加入者の共有財産でした。年金は一定の年齢になるまでもらえません。若い人は退職するまで恩恵がないので、年金受給年齢になるまでの間、これらグリーンピアの施設を利用してもらうことに意義があるにはあったのです。

理念はわかります。しかし実態は、計画性なく無駄に資金を投入し、サービス業も宿泊

業も経験したことがない天下りの厚労省の役人がトップでふんぞり返っているわけで、全国13ヵ所のグリーンピアは当然のごとく経営不振となりました。見通しもなく建設してきたグリーンピアに閑古鳥が鳴き、ふくらむ赤字で建設費263億円の施設をわずか2億円で売却したケースもありました。

それでも赤字施設に年金資金を注入し、2005年度まで経営を続けていたのです。建設費その他総額およそ3730億円を投じて整備されたグリーンピアの売却総額は、わずか約48億円でした。

ちなみにグリーンピア13ヵ所のうち、8ヵ所が、1988年までの歴代厚生大臣の地元で建設されていたことから、「建設利権もあったのでは」と指摘されています。政治家が自分の選挙区にグリーンピアのような大型のハコモノを誘致すれば、地元の建設業者が潤います。許認可を与えた役人は関連会社に天下りでき、政治家は建設会社を選挙でフル稼働させることができ、「三方良し」のトライアングルができあがるのです。しかし、「良し」なのはその3者だけで、そのツケはめぐりめぐって皆さんに回ってくるのです。

小泉・竹中民営化の真相

このようにデタラメな実態が明らかになると、皆さんご記憶のように小泉政権下で、

「構造改革」

「規制緩和」

「官から民へ」

などの短いセンテンスと力強い言葉によって民営化への流れは加速していきました。一見国民にとって良いことのように思えます。

しかし、実態はこの流れを装いつつ、グリーンピアなどの年金福祉還元施設が「たたき売り」のような価格で外資の金融資本家やその手先に売り出されました。公的資産を私企業に放出するというデタラメが繰り返されてきました。

グリーンピア南紀のように、119億円の建設費を投じたにもかかわらず、わずか8300万円で那智勝浦町が取得し、その10年後には所有権譲渡も約束しつつ中国のボアオという実態のないペーパーカンパニーに売り飛ばしたという出来事が起きています。

小泉政権下で、公共施設を民営化し、アメリカの金融資本家やその手先に売り飛ばす手法が生まれたのです。中心人物は竹中平蔵氏です。

竹中氏は、2001年以降、経済財政政策担当大臣、金融担当大臣・経済財政政策担当大臣、経済財政政策・郵政民営化担当大臣、総務大臣・郵政民営化担当大臣を歴任します。

小泉政権が幕を下ろすと竹中氏も議員バッジを外し、2009年、人材派遣会社「パソナグループ」取締役会長に就任します。

安倍政権発足後は「産業競争力会議」「国家戦略特区諮問会議」で民間議員を務め、労働規制緩和の推進に奮闘しています。民間人でありながら、安倍政権でも民間議員を務め、双方に積極的に関わり利益誘導と捉えられかねない危ない橋も渡っています。現在、竹中氏の肩書は、

・パソナグループ取締役会長
・オリックス社外取締役
・SBIホールディングス社外取締役

その他、東洋大学国際地域学部教授、森ビルアカデミーヒルズ理事長、内閣府の未来投資会議構造改革徹底推進会合会長の肩書もあります。

この利益誘導の最初の大バクチが郵政公社の民営化であった、と私は睨んでいます。

日本郵政もかつて郵政公社という特殊法人でした。小泉政権下で民営化されたことは記憶に新しいでしょう。私の見方では、「郵政改革」とは郵政公社を廃止し、郵便、郵貯、簡保などに分割し、国民の共有財産を欧米の金融資本家やその手先に投げ売りするということです。

ゆうちょ銀行が欧米の金融資本家のいうがままにハイリスクな金融商品をつかまされていることはすでに述べた通りです。

公共事業に外国企業

他にも日本郵政が保有していた「かんぽの宿」もどさくさ紛れにオリックスへ一括して安価に売り飛ばされるはずでした。

かんぽの宿は、郵政公社が簡易保険の掛け金を使って建設した保養施設です。日本郵政は、各地の「かんぽの宿」や「かんぽの郷」計69施設と、ＪＲさいたま新都心駅前の宿泊施設「ラフレさいたま」、首都圏の社宅など計79施設を一括して１０９億円でオリックスへ売却することを決めました。時の総務大臣の鳩山邦夫氏が待ったをかけましたが、施設の取得費用は、土地代と建設費を合わせた約２４００億円といわれています。「ラフレさいたま」のみで約２８０億円が投じられたといいます。１０９億円の売却価格は「たたき売り」というほかないほどの安値です。

もっとも「郵政民営化」後のことだから国有財産とは一概にいいきれません。ですが、日本郵政という民間企業の所有物でもありません。これまで、営々と郵便局に保険料を納めてきた簡易保険制度の加入者の皆さんのものであるはずです。公的資産として扱い、その使途も厳格に定められるべきではないでしょうか。七十数箇所の施設をオリックスに一括して安価に叩き売ることに鳩山大臣が疑義を挟んだのは当然でした。しかし、このような形で「待った」がかかることはほとんどありません。

安倍政権下でも公的資産をどんどん売却しています。形をより複雑にし、一見しただけではわからないように入り組んでいます。ＰＦＩという手法が編み出されたのです。内閣府はＰＦＩを以下のように説明しています。

「ＰＦＩ（Private Finance Initiative：プライベート・ファイナンス・イニシアティブ）とは、公共施設等の建設、維持管理、運営等を民間の資金、経営能力及び技術的能力を活用して行う新しい手法です。

民間の資金、経営能力、技術的能力を活用することにより、国や地方公共団体等が直接実施するよりも効率的かつ効果的に公共サービスを提供できる事業について、ＰＦＩ手法で実施します。

ＰＦＩの導入により、国や地方公共団体の事業コストの削減、より質の高い公共サービスの提供を目指します」

この手法で、関西国際空港の運営権もオリックスとフランスのゼネコン企業のヴァンシ・エアポートに売却されました。関西国際空港は日産のカルロス・ゴーン前会長の逃亡劇に使われたことで注目されましたが、その関空を運営しているのは、フランス系企業なのです。そのことはけっして偶然でないと私は思います。

空港は大切な公共財であります。公共財であり、完全に民間に売却してしまうのはいかがなものか、という声が起こりました。そこで運営する権利という概念を新たにつくり、その権利、つまり運営権（コンセッション）を売ろう、ということになったのです。

水道事業でもコンセッション（運営委託）方式による事例があります。

国内初となった成約事例が、静岡県浜松市とフランスのヴェオリア社を代表とする６社連合（ヴェオリア・ジャパン、ヴェオリア・ジェネッツ、ＪＦＥエンジニアリング、オリックス、須山建設、東急建設）の特別目的会社ＨＷＳ（浜松ウォーターシンフォニー）との「下水道コンセッション」です。ヴェオリア社は、「水メジャー」として知られるフランス本拠の多国籍巨大企業で、水処理では世界最大手です。

契約期間は２０１７年10月30日から２０３８年３月31日の約20年間。浜松市と運営権者ＨＷＳが合意すれば、最長で２０４３年３月31日まで延長されます。

なぜ日本の「公的資産」や「共有財産」が外資系企業に委ねられるのでしょうか。行き過ぎたグローバリズムを是正すべきなのです。公的資産が外資系企業に流出するのをおしとどめなくてはなりません。

ヴァンシとオリックスは新千歳や女満別《めまんべつ》、旭川など北海道7空港の民営化に名乗りをあげましたが、一次審査を通過した時点で辞退したとみられています。空港は巨大な公共インフラである以上、「儲かるから」との理由で運営を買って出る企業に委ねることはできないはずです。

特別会計は彼らの財布ではないのです。

３８９兆円の特別会計には「外国為替資金」という項目があります。米国債を買ったり、ドルや円を買ってドル円相場を調整するために使用されます。この内情は不透明で、どのように運用されているか、にわかにはわかりません。一般会計の外にある特別会計は地方自治体にもあります。３８９兆円とはまた別です。日本全国の市町村も含めたらいったい、いくら貢がないといけないのでしょうか。

天下り法人にたかるシロアリ

この特別会計は「官僚が好きに使えるお金」といわれていました。

石井紘基氏が命を賭《と》して改革を目指した特殊法人のファミリー企業は、いまも３０００社はあるといわれ、公金や公的な施設を奪おうとしています。

かつては天下り官僚が甘い蜜を吸っていましたが、いまは形を変えて、フランスの企業のヴァンシやヴェオリアなどの国際金融資本が絡み、オリックス、パソナがお先棒を担いでいるのです。

アメリカ経済を回すために、特別会計を使って米国債も購入していることでしょう。

特別会計は歳入・歳出で重複もあり、仕組みが複雑です。にわかには理解しづらいのは国会などで追及しづらいようにしているのでしょう。わかりづらくすることで霞が関の役人の「つかみガネ」となっていたのです。

石井氏を殺害した伊藤白水は「右翼政治運動家」を名乗り、世田谷区議会議員や都議、国会議員などの事務所に出入りし、書籍や日本酒などを売りつけるなどして資金稼ぎしていました。

2003年1月の初公判での検察側冒頭陳述によると、石井議員の事務所をたびたび訪問、書籍や日本酒を高値で買い取らせていました。2001年ごろから面会を断られるようになると、「育ててやったのに恩義を忘れた」と一方的に怨嗟《えんさ》を募らせたようです。強制執行を受けたアパートの家賃も無心したものの断られたため、2002年10月25日、包丁と手裏剣をバッグに隠し持ち、自宅前で待ち伏せし、玄関から出てきた石井氏を刺し身包丁で刺して殺害しました。

2005年、無期懲役が確定しました。その4年後の2009年テレビ朝日「スーパーJチャンネル」(2009年2月11日放送)の獄中インタビューで伊藤受刑者は、「本当は頼まれたから殺した」と告白しました。スクープです。しかし、警察は動きません。当時の民主党もこの発言を取り上げませんでした。

その後、２００９年８月、大阪16区から出馬した森山浩行氏の応援演説で後に総理となる野田佳彦氏がこう述べました。

「消費税１％分は、２兆５０００億円です。12兆６０００億円ということは、消費税５％ということです。消費税５％分の皆さんの税金に、天下り法人がぶら下がってるんです。シロアリがたかってるんです。それなのに、シロアリ退治しないで、今度は消費税を引き上げるんですか。

消費税の税収が20兆円になるなら、またシロアリがたかるかもしれません。鳩山さんが４年間消費税を引き上げないといったのは、そこなんです。シロアリを退治して、天下り法人をなくして、天下りをなくす。そこから始めなければ、消費税を引き上げる話はおかしいんです。徹底して税金の無駄遣いをなくすのが民主党の考え方です」

当時の野田氏は「民主党内きっての論客」と呼ばれていました。この街頭演説で行財政改革の徹底なくしては消費税の引き上げはあり得ない、との考えを示しました。このときの衆議院選挙で民主党は大勝し、政権交代が実現しました。

皆さんご存知の通り、「徹底した行革」「消費税は上げない」などとマニフェストを掲げた民主党政権も消費増税に舵を切り、国民への裏切りで瓦解しました。野田氏を増税派に転身させたのは当時の財務事務次官の勝栄二郎氏といわれています。霞が関の底力恐るべしです。

「国会の爆弾男」

特別会計に切り込み、そう評された石井氏が存命であれば違った政権ができていたでしょう。

ここで、石井氏の言葉をもう一度繰り返したいと思います。

「日本のＧＤＰのうち６割は官製企業に吸い取られてしまい、まともな経済は４割しかない。これで国が保つわけはない」

特別会計の背後には深い闇があるのではないか。日本の税金をなぜアメリカが自由に使えるのか。そのことを解明しようとしたから石井氏は闇から闇に葬り去られたのではないか——そう感じるのは、私だけでしょうか。

第5章　ベーシックインカムで日本経済は甦る

策が尽きてきた

日本政府はコロナウイルスの感染拡大に対する緊急支援策として国民全員に一律10万円の現金給付を決めました。

10万円といわれても、まったく喜べません。折を見て増税もするでしょうし、次世代の人たちからすると、将来の増税につながるために10万円以上の不利益を被ることは確実です。本来、給付を決めた時点で、将来の増税につながることをしっかり国民にアナウンスすべきです。それをしないまま10万円をばら撒くのであれば、支持率アップのためでは、と疑われてもやむを得ないでしょう。

いまさら話しても後の祭りとなりますが、財政悪化や異次元の金融緩和の問題に着手しないまま、コロナショックを迎えてしまったことは大失態といえます。アベノミクスで経済が安定していた間に金利をはじめとする金融政策の正常化を図るべきでした。

緩和カードを切り尽くした日銀には市場も冷淡です。日銀は3月16日、ＥＴＦ（上場投資信託）購入を「12兆円に倍増させる」と発表しました。日銀が市場を買い支える、と宣言したにもかかわらず、同日の終値は前週末比429円安で終えました。3月19日には、一日で過去最大の2000億円強買い込みました。ですが、市場ではこれといった反応もありませんでした。日本はすでにゼロ金利でFRBのように金利の引き下げもできません。日銀への信頼が失われ、市場はパニックに陥っているのです。国内経済の見通しが立てば株価は上がるのですが、「策も尽きてきた」と市場が見放しているのではないでしょうか。

緊急経済対策の事業規模も当初108兆2000億円でしたが、117兆1000億円に拡大しました。増加分は全額赤字国債の追加発行でまかなうのです。緊急時で、明日の支払いに困っている中小・零細企業の方々の「命を守る」と思えば現状では当然の判断といえます。

ただし――。

国債は将来の税収を「前借り」するものです。

将来、必ず返すので前借りさせてください、と日本政府が約束するからこそ信用され、発行できるのです。私が「黒川個人債」を発行してもただの紙屑です。日本政府の信頼があるから、将来返せる目処《めど》もあるから、赤字国債の発行が許されるのです。「財政規律」

民間の貯蓄と政府債務の増大

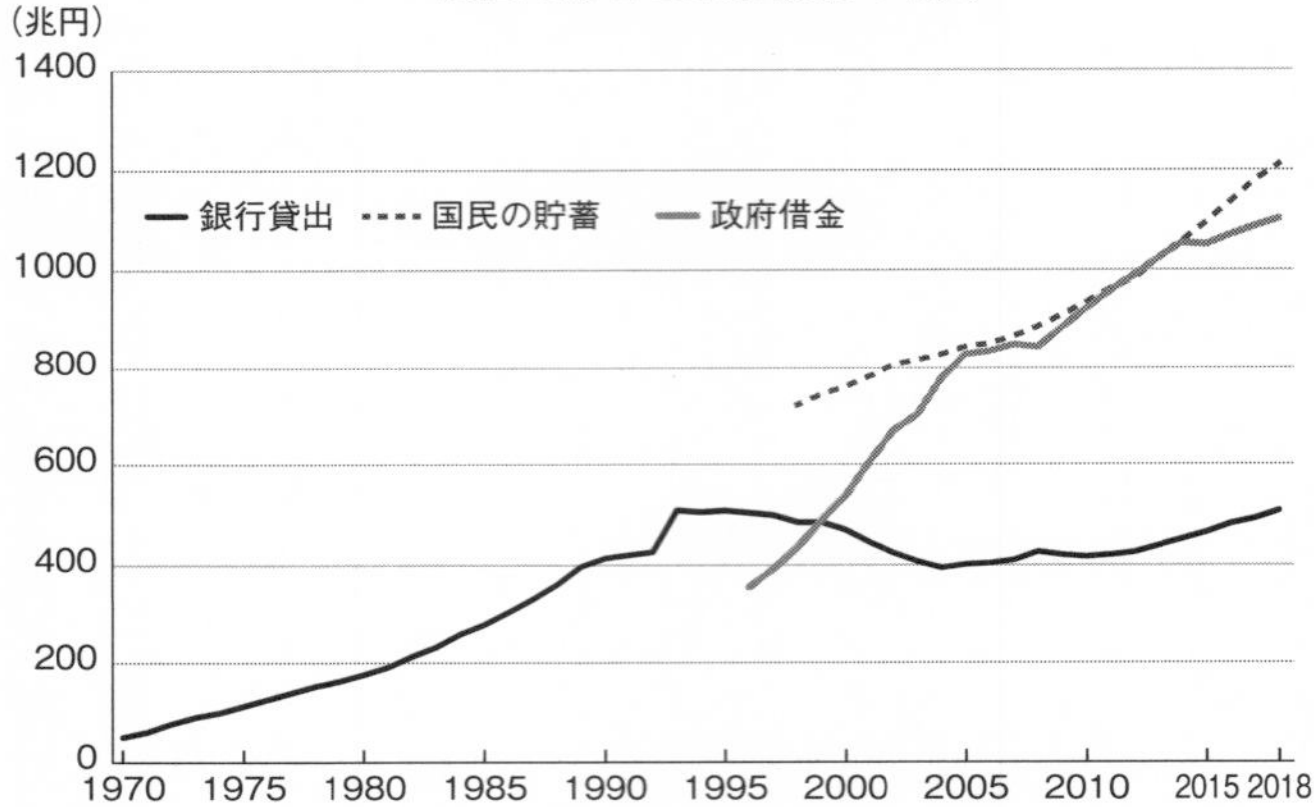

の言葉はどこへ行ったのでしょうか。日銀が政府の借金を肩代わりする財政ファイナンスも心配され、借金に依存した財政運営が続き、危機的な状況といえます。財政ファイナンスは本来、禁じ手で、財政規律に匙《さじ》を投げているかのようです。７年間、アベノミクスで経済的には安定していたのです。なぜその間に財政健全化に努めていなかったのでしょうか。

今回の一律10万円給付にあたり諸経費も含め12兆８８０３億円が必要となりました。赤字国債の発行額は当初14兆５０００億円でしたが、23兆４０００億円に拡大しました。２０２０年の新規国債発行額は過去最大の58兆２０００億円となるのです。

空からお金は降ってきません。すでに発行された国債残高は1000兆円を超えています。この巨額の赤字国債を今後、どう返済していくのでしょうか。際限なく増える財政支出を野放図に認めていいのでしょうか。自民党や公明党からさらなる財政支出を期待する声があり、財政のタガが外れたかのようです。将来の影響を考えれば、子や孫たち次世代に赤字国債を付けまわしていいわけがないのです。

しかも、右のグラフを見ると、政府の借金が激増するのとほぼ同じペースで民間貯蓄が増えています。20代の若者の多くが貯蓄ゼロである一方で、中高年の富裕層は巨額の貯蓄を積み上げています。しかもその理由は、「将来が不安だから」なのです。

大きな金融危機が起これば、金融の蛇口から遠い人から壊死《えし》していくのです。

2008年のリーマン・ショック後、何が起こったかといえば、当時140万人いた、派遣労働者に対する雇い止めが相次ぎました。

「雇用の調整弁」として、景気落ち込みの最大の犠牲者となったのです。リーマン・ショック後に労働者派遣法が改正され、「雇用安定措置」を義務付けることとなりましたが、同じ職場に3年派遣される見込みがある場合の義務で、1年に満たないうちに雇い止めにあえば対象外となります。急速な景気の落ち込みは、弱い立場の人間にしわ寄せが行くのです。このままでは今回も同じことが起きます。間もなく、職を失った人々が日比谷公園に押し寄せるかもしれません。

アベノミクスは結局何だったのか

振り返れば、安倍政権の経済政策である「アベノミクス」で株価は上がっても、個人消費は伸びませんでした。実体経済が停滞したままなのに2019年10月の消費税増税で、個人消費は冷え込みました。内閣府が発表した2019年10～12月期の国内総生産（GDP）の実質成長率は前期比1・8％減、年率換算で7・1％減と1年3ヵ月ぶりのマイナス成長となりました。40兆円程度が失われたことになります。

増税で景気が腰折れしている最中に今回の新型コロナウイルスによる金融危機が重なったのです。大事なことなので繰り返しますが、消費税増税により、景気が冷え込みました。その矢先にコロナ危機が起こり、つまりダブルショックが起きたのです。中小、零細企業の方々は自転車操業でやっている中、増税に加えて今回のコロナ危機が起きたわけで、地獄の扉が開いているに等しいでしょう。

「消費税ゼロ％」

自民党の議員連盟「日本の未来を考える勉強会」のメンバーを中心に、若手45名が名を連ね、「消費税は当分の間軽減税率をゼロ％とし、全品目軽減税率を適用すること」と提言しました。「日本の未来を考える勉強会」の会長である安藤裕衆議院議員（京都6区・当選3回）は税理士ですから地元の経済の実態がわかっているのでしょう。私も与野党問わず若手、中堅議員との交流がありますが、足を使って必死になって地元を回り地元の厳しい経済状況を認識されています。それが政権中枢へと伝われば、と思いましたが、安藤さんら自民党の若手議員の進言は門前払いとなりました。

私は前から提言していますが、この危機を凌《しの》ぐには「消費税ゼロ％」くらいインパクトのある政策を打ち出すべきです。

さらに私は以前から「オリーブの木チャンネル」でベーシックインカムも提言しています。

ベーシックインカムとは「政府がすべての国民に必要最低限の生活を保障する収入を定期的に支給する制度」と定義されています。「誰も働かなくなるのでは？」と不安視されていることは承知しています。日本では、ベーシックインカムの議論はないに等しいのですが、コロナショックで多少は出てくるようになりました。

年金や生活保護のような社会保障との違いは、給付条件がないため、どのような仕事でもどのような年収でも、そして無職でも国民であれば誰でも支給されます。条件をつけずに支給するので行政上のコストを大幅に削減できます。

同時に無条件という特徴のために劣等感を感じさせません。生活保護を支給されている人は肩身の狭い思いをされていることでしょう。けれどもベーシックインカムなら政界を代表する資産家の麻生太郎さんも年収150万円の人でも一律に支給されます。

「お金持ちにも配るの？」

そんな疑問が湧くでしょうが、麻生太郎さんにも配ってしまってかまいません。後に所得と合算して税金を課せばいいだけです。徴税の仕組みはすでにできているので、配る仕組みを新たにつくれば済むのです。危機のときこそ煩雑なことはせず迅速にシンプルに手を打たねばならないのです。

いまこそ、ベーシックインカム

支給されるのは最低限度額のみです。「もっと贅沢がしたい」と思う人が働いて稼ぐのは自由で、市場の原理も反映されているのです。

コロナショックに先んじて、ベーシックインカムを制度化していれば、速やかに現金を配れました。基準額に10万円を上乗せして給付すればいいだけです。たびたび自然災害に見舞われるわが国では危機に対してセーフティーネットが即座に発動できるようにしておくべきなのです。

2033年に人口の3人に1人が高齢者となるといわれる日本こそ、年金制度を廃止し、ベーシックインカム導入を検討するべきです。現役世代が高齢者を養う「世代間扶養」の年金制度は、このままでは立ち行かなくなるのは明白です。であれば年金は廃止し、皆が潤うという点からもベーシックインカムの導入を考えるべきなのです。

「財源はどうするのか、赤字国債で担うのか」

必ずそう質問されますが、ベーシックインカムの財源は金融資産課税が最適です。金融資産課税の導入により富の偏在を是正するメリットがあります。

まずはじめに3億円以上の金融資産を保有する人に課税します。それだけの金融資産があれば多少税率が上がっても生活に困るようなことはありません。さらにこれを累進課税にします。超富裕層の資産家には、より多めに払ってもらうわけです。これで年間10兆円くらいの新たな財源が生まれます。

次にアベノミクスの7年間でさんざん儲けた大企業の内部留保に課税します。2018年度末の日本企業の内部留保は463兆円ありました。現預金でも企業全体で240兆円と過去最高でした。手元にキャッシュもあり、さらに内部でも溜まっているわけです。ただ貯めたままでいるなら、課税すべきです。規模によって税率を変えることで約5兆円の税収増を見込めます。

そもそも大企業が463兆円の一部分でも従業員や下請けの会社に分配していれば、適切な形で市場に流通し、お金が回ったはずでした。皆さんの所得が増え、得たお金で物を買うわけで、企業業績にも好影響を与えるはずです。

3番目に、為替取引税です。為替取引に課税すれば10兆～20兆円の税収増が見込めます。いまは利益に対して20％が課税されるに過ぎません。1％の為替取引税で10兆円以上となる計算となります。

右から左に資産を動かして利益を得ている人にもっと課税をすべきなのです。

このように3つの金融資産課税を導入すれば、ベーシックインカムを担うだけの税収を見込むことができるのです。最低限のお金が毎月入ってくるとなれば人は安心して消費するようになります。市場にお金が流れ、循環し、経済のパイが大きくなれば大企業や資産家にとっても悪い話にはなりません。

しかし、金融資産課税導入を提言するとほぼ必ずこう反論されます。

「税負担を嫌う富裕層が国外に資本を移す動きが生じる。海外に資金が逃げるのではないか」

アメリカは借金まみれの国でドル自体の価値が揺らいでいます。基軸通貨を中国元にしよう、石油取引の決済を元やルーブルでやろうといった話が出ているほどドルへの信用が下落しています。また今回のコロナショック後の大規模な金融緩和でドルの価値は下落する一方です。安全資産の円以外にどこに逃げ場があるのでしょうか。

この3つの金融資産から徴収すれば年間40兆円の新たな財源をつくれるのです。

お金を適切に循環させなければ日本経済そのものが衰退し、富裕層の持つ、株や土地の資産も目減りします。

金融資産課税でお金を回し、庶民をベーシックインカムで支えれば、消費も伸びます。GDPも徐々に回復し、国力も復調するでしょう。円を保全することは日本の国力を保全することに繋がります。

今回のような国債の増発は危険過ぎます。国債を発行しつづければ必ずやハイパーインフレになります。ハイパーインフレになっていちばん困るのは金融資産がたくさんある人です。

資産家の方々に金融資産課税の話をすると即座に反発されますが、冷静に考えれば一時税負担が重くなったとしても総合的には資産は増えるはずです。

バブルと不況が同時に起こる

不況が訪れると、ＦＲＢなどの世界の中央銀行はかねてより、「またバブルを起こして何とかしよう」という金融政策を選び、実行してきました。

この発想が間違っていることは繰り返し述べてきました。２００８年のリーマン・ショック以後、日銀は政策金利をどんどん下げ、いまではゼロ金利まで来ています。日本に限らず世界の中央銀行でゼロ金利を打ち出し、市場にお金はあり余っています。

今回のコロナショックでＦＲＢは大胆な量的緩和を行い、危険な株やゴミのような債券も買い上げ、崩れつつある金融システムを何とか押し留めています。

世界のGDPは今回のコロナショックで10%近く落ちるでしょう。私の推計では日本の540兆円あるGDPは約10%下落すると見ています。金額に換算すれば54兆円です。この下落分を補塡しなければ中小・零細企業は倒産し、失業者が続出するのは明らかです。安倍政権が打ち出した緊急経済対策ではその任に堪えないことはすでにお伝えした通りで、年収300万円で割れば、1800万人分の生活が破綻する計算です。

コロナ危機が収束してもすべての業界が再開できるはずもありません。「V字回復」することもありません。一進一退を繰り返し、2019年の生活に戻るには2〜3年の歳月はかかるのではないでしょうか。

しかし、その一方で市場にお金は溢れているので、株や債券はむやみに買われ、株価そのものは大きく下がることもありません。

中小企業や個人事業者はバタバタと倒れる一方で、株価はさほど下がらない、どころか市場に余ったお金の行き場がなく、バブルが起きるでしょう。もしかしたら大量のお金の行き場が見つからず、土地バブルも起きかねません。2020年7月現在、世界では60万人を超える方が新型コロナで亡くなりました。街に失業者が溢れながらも地価は上がり、一部の富裕層は豪華な生活を満喫する、という光景を目にするかもしれません。

大企業はプールされたキャッシュと政府による延命措置で生きながらえますが、中小企業が潰れることで、大企業のサプライチェーンも壊れます。すでにサプライチェーンが歪んで出荷できない企業も出てきています。まず原材料が動かなければ、それを元にした製品の生産も止まり、消費も止まります。この状態が数年続くと国力はものすごく低下します。根本的な国力が徐々に衰退していくのです。庶民の生活にゆとりもないために生活必需品以外の買い物を控えます。モノやサービスが売れずに企業収益も減っていきます。稼いで使える人はごく一握りとなり、ＧＤＰも下がっていきます。

「勝ち組」にだけカネが回る

今回の経済危機は、１９２９年の世界恐慌に匹敵する恐れがあります。世界恐慌では、アメリカで４人に１人が職を失いました。担保にしていた土地・建物を追われ、ニューヨーク中の公園にテントが立った、といわれています。

世界恐慌では農家も土地を失いました。借り入れの担保として銀行に農地を奪われたのです。農家が農地を失えば誰が食料を生産するのでしょうか。食べ物が手に入らなくなり、パニックはより大きくなったのです。

世界規模の金融危機の恐ろしさは社会インフラの破壊に繋がることです。

第２章で触れたように航空会社も経営が立ち行かなくなる可能性があります。航空会社や鉄道は人の動きがなくなった瞬間に成り立たなくなるビジネスモデルです。「ドル箱」といわれた羽田―ハワイ間がガラガラになる姿を誰が予想できたでしょうか。

政府による支援がなければ航空会社でさえ倒産の危機が迫ります。コロナショックで、真っ先にインバウンド消費が消えました。年４兆円の消費が消えたのです。次にテレワークによって日々の出勤や出張も激減しました。さらにゴールデンウィークは「ステイホーム」週間となり、帰省も自粛されました。航空会社も鉄道各社もこれまでの莫大なキャッシュがあり、すぐに傾くわけではありません。しかし、この先が見えない状態で、公的な支援がなければいつまで持つのでしょうか。

政府による資本注入をはじめとしたあらゆる手段で救わないといけません。交通機関、ガス会社、電力会社、配送業など生活インフラを担う会社が潰れたら、コロナ危機が終息しても、その地方の経済は立ち上がれなくなります。モノや人が動きを止めたら経済も止まるのです。

戦後最大の国難の原因をつくった金融業界は何事もなく生き延びています。否、金融業界にお金が回り、活性化しています。

本来なら倒産するような地銀でさえも株価は回復しています。淘汰されるべきだったのですが、日本の各地で資金需要が発生しています。政府がばら撒くときの窓口として地方の銀行が使われ、期待から株価が復活しているのです。地銀としては天からお金が降ってくるようなもので、リスクはありません。ゼロ金利政策で「半死」「瀕死」となっていた地銀にとって干天《かんてん》の慈雨《じう》となっています。

風が吹けば桶屋が儲かる、のようにコロナウイルス感染拡大で地銀に神風が吹いています。しかし、本来の仕事を忘れ去り、マネーゲームに手を染め、淘汰されるべき地銀が「半死」のゾンビ企業として生き残ったことは幸せなことなのでしょうか。

地銀だけの話ではありません。

ＣＬＯのようなハイリスクな金融商品も買い支える、とＦＲＢが宣言しています。投資銀行は、ここぞ、とばかりにハイリスクな金融商品を今後どんどん出していくでしょう。

現にショッピングモールのモーゲージ債が売れています。コロナウイルスの感染拡大の影響で、当のショッピングモールが閉まっているにもかかわらず、です。もはや実態をまったく反映していない金融商品が金融市場の中を回り、バブルを膨らませています。金融機関はこのように実態のない債券を回し、その後ろでＦＲＢがドルを刷りつづけるうちは、間にいる金融業界は回りつづけるのです。

政府は雇用対策として財政出動を繰り返すでしょう。政府が発行した国債は日銀をはじめ金融業界が買いとります。金融機関の中でだけお金は回り、手数料収入で潤っていくのです。

政府が財政出動をすれば雇用は改善される、というエコノミストもいます。実際にそうでしょうか。適切に財政出動すれば雇用は生まれますが、財政出動の仕方が、これまで同様の公共事業であれば、既得権に近い人にお金が流れるだけとなります。不要不急な公共事業を乱発し、天下り官僚の面倒を見て、最終的なツケはわれわれ庶民に回ってくるのです。

ベーシックインカムのように全員にばら撒けば歪みは少なく、経済の底上げにもつながります。生活必需品以外の消費にも広がり、実需もじわりじわりと上がっていきます。実需が一定のところまで伸びれば、財政出動も減らしていけます。

財政支援が尽きたときに来る地獄

ＦＲＢもいつまでもドルを刷りつづけるわけにいきません。いずれ弾が尽きるでしょう。私は２０２３年にはＦＲＢの量的緩和が限界を迎えると見ています。この後、本当の金融危機が訪れるでしょうが、その前に、いくらなんでもおかしい、と気がつくでしょう。

ベーシックインカムを主張しているくらいですから、私自身は財政出動に反対の立場ではありません。しかし、いまのように、財政出動と金融緩和を同時に行うことは危険すぎます。風船に限界まで空気を入れ、パンパンに膨らませているようなものです。先にも触れたように街に失業者が溢れているのに金融業界だけはお金を回しつづけているのです。ドルがあまりに多すぎる、と気がついたときには、今回、新型コロナの感染拡大を止められなかったように、ドル崩壊が始まり、その崩壊は防げません。

ハイパーインフレといってもジンバブエドルのような短期間での崩壊とはなりません。世界中にばら撒かれているので、じわじわと数年かけて緩やかに下っていくと思います。

「では、大丈夫かな」と思うのは早計です。基軸通貨がインフレになるということは、すべての基準がずれるわけです。ドルが10％のインフレを起こせば、複雑かつ密接につながった世界経済のすべてが成り立たなくなります。ドルが毎年2割インフレになったらそれだけでパニックとなります。

基軸通貨が破綻すると、土地も含めたすべての金融資産が4分の1になると見ています。どのような世界になるのか、私にも想像できません。一時、はなはだしい混乱が起こりますが、格差は縮まります。お金持ちの金融資産は劇的に減りますが、貧乏な人は分母が小さいので、資産家ほどのショックはありません。金融資産が激減する中、大きな問題が起こります。

食料危機が起こるのです。

金融資産は激減しますが、世界の人口はそのままです。金融危機に伴い、社会の基盤を担うインフラが破壊されると、食料品が運べなくなります。いまの時点で世界中の餓死者は一日2万5000人います。今後、いままで餓えなかった人も餓死してしまい、一日あたりの餓死者が10万人以上となる可能性もあります。

今回のコロナショックでベトナムやカンボジアなど東南アジアの各国も米の出荷をした

くてもできませんでした。家電や自動車と同様にサプライチェーンが寸断され、原産国には食料が余っているのに、出荷できずに、行き渡らないという現象も起きたのです。一部地域で大量に食料が余りながら、望む地域まで届かないことは起こりえます。

実際に2011年の東日本大震災では、道路が寸断され、被災地で局地的な飢餓が起こりました。道路が復旧した後もどこに何をどれだけ届ければいいのか、対応が整わず、支援物資が滞留したまま数日を無為に過ごしました。生産も大事なのですが、それ以上に物流が寸断されると影響が大きいのです。コロナ恐慌となり、社会インフラがダメージを受け、日本国内においても北海道や東北には食料があってもそれを首都までうまく運べなくなるかもしれません。在庫を店内に置かないコンビニは平時であれば効率的ですが、災害時には、棚にある食料品が売り切れたらそれでおしまいです。お金があっても食料が手に入らない事態も起こります。

毛沢東による大躍進政策で4500万人が亡くなっていますが、その大半が餓死者といわれています。政治の混乱で餓死者が出るのは世の常なのです。日本の食料自給率はカロリーベースで37%です。ボトムラインを上げる必要があることはいうまでもありません。

MMT理論の光と影

近年、世界的にブームとなっている経済理論がMMT（Modern money theory=現代貨幣理論）です。アメリカで2018年に女性としては史上最年少で下院議員に当選したアレクサンドリア・オカシオ=コルテスがMMTを論拠とした政策を主張したことから注目を集めました。当時まだ20代、プエルトリコ系の若い女性が、ニューヨーク州で10期下院議員を務めていた現職を破ったことは大きな話題となりました。

彼女の主張する社会主義的政策の数々は従来の発想であれば、財源的な裏付けが難しいものでしたが、MMTを根拠に「政府は予算均衡を目指す必要はない」として、「財源は十分にある」と主張したのです。

MMTとはいったいどういうものなのか。簡単にまとめると次のようになります。

1　政府は財政赤字を垂れ流しても、民間にお金を回せば景気が良くなる
2　円で国債を発行する限り、日本国債が破綻することはない
3　国債発行の限界は負債の金額ではなく、インフレ率で決める

この理論でいくと、デフレが続く日本では相当な額の国債を新規に発行して財政出動することが可能ということになります。日本政府の借金は1000兆円にも上りますが、MMT派の人たちは「日本はまだまだ借金しても大丈夫だ」と主張しているのです。

一方MMTを批判する勢力の代表は、日本の財務省です。「予算を減らし、増税に踏みきらない限り、このままでは確実に財政破綻する」というのが財務省の持論です。

私はこの点についてはMMT論者のほうが正しいと思っています。日本が財政破綻することはないと思いますが、とはいえ、MMT論者の言うように国債をバンバン増発して財政出動をすることが日本経済を良くするとも思えません。

2020年春、世界的なコロナウイルスの感染拡大によって、アメリカ、日本、欧州各国など先進諸国は、事実上のMMT＝国債大増発に踏みきりました。日本の国家予算は昨年までの1・6倍、160兆円もの巨費に及ぶことになりました。それでもいまのところ国債価格暴落の兆しも、円暴落の兆しもありません。同じように財政出動した欧米各国も同様です。この点で、MMTは正しかったのです。

しかし、今後はどうでしょうか。

感染拡大による経済への影響は長引くでしょう。各都道府県の知事やワイドショーのコメンテーターたちは国による休業補償、所得補償、医療機関に対する援助などを強く主張し、世論もそれを受け入れています。MMT的な財政運営は来年以降も続く可能性が高いのです。

この本のなかで繰り返し述べていますが、いまのような金融緩和と、MMT的な財政出動の組み合わせ政策を続けた先に、ハイパーインフレに見舞われる懸念が拭えません。私は、財政出動すること自体は正しいと考えていますが、それが金融緩和と組み合わされたとき、巨大なバブルの生成と崩壊が待ち構えているのです。

ピープルパワーで!

今回のコロナショックでは、ロシアやインドは穀物の輸出制限の措置を取りました。自国民を優先し、輸出に制限を設けたのです。ロシアが穀物を輸出しないことで中国は非常に焦りました。食料安全保障問題にまでは至りませんでしたが、「食料」を多く保有する国が「他国に売りません」となると穀物の争奪戦が起こるでしょう。

自国第一主義が高まるのは避けねばなりません。世界恐慌後、自国優先のブロック経済が強まり、第二次世界大戦へつながったのです。

これらの恐ろしい事態から逃れるには、金融構造を根本的に変えなければなりません。まずやらなければならないことは、中央銀行制度の改革です。いまの金融制度の根本的な見直しが必要なのです。ＦＲＢや日銀が金融緩和をやりつづけるのではなく、金融資産課税などで構造を変えることが必要です。

ロンドン・スクール・オブ・エコノミクスのデヴィッド・グレーバー教授が書いた"Bullshit Jobs: A Theory"（ブルシット・ジョブを理論化する）という本が話題になりました。ブルシットとは、スラングですが、「どうでもいい」と訳されます。つまり「どうでもいい仕事」という意味で、金融業やコンサルタント業などは実体のないどうでもいい仕事にもかかわらず、なんでそんなに高給なのであろうか、と問うています。

グレーバー教授は、プライベート・エクイティ・ファンドのＣＥＯ、ロビイスト、ＰＲリサーチャー、テレマーケティング担当者、企業弁護士は、「消えてしまってもたいして困らないし、むしろ社会は良くなるかも知れない類いの仕事である」と断じています。一方でバスの運転手や介護・医療に携わる人、保育士など皆のために働き、いなくなったら困る職種の人の報酬は安く抑えられ、社会的に恵まれない立場に置かれ、逆に人々の怒りのはけ口にされてしまうことが多い、と指摘しています。グレーバー教授はこの問題の解決策としてベーシックインカムを提唱しています。まさにその通りで、世の中の賃金構造を変えるべきなのです。

安倍政権は、「減収家庭に30万円給付」から「国民一律10万円給付」に変えました。国民の怒りの声を無視できなくなったからです。皆さんでツッコミを入れていけば、政策の方向性を変えさせることもできるのです。未曾有の有事を変革のチャンスに変えませんか。

なんだってできるのさ、ピープルパワーで！

あとがき

田中角栄元総理が有罪判決を受けた汚職事件「ロッキード事件」は冤罪《えんざい》かもしれないという説を、一度は耳にされたことがあると思います。私はその可能性は十分にあると思っています。対米自立的な政治を推し進め、アメリカを怒らせた田中角栄元総理を、アメリカの政治勢力が潰したという見方です。背景には、ヘンリー・キッシンジャー国務長官（当時）の存在があった、と見られています。

ヘンリー・キッシンジャー元国務長官は２０２０年現在97歳ですが、いまもトランプ大統領の最高政策顧問を務めているほか、前大統領のオバマ氏の顧問も務めていました。アメリカの民主、共和両党に未だ多大な影響力を残しているのです。ロックフェラー家との懇意な関係も知られており、国際政治のキーパーソン中のキーパーソンといえます。

そのキッシンジャー元国務長官は、親中派として知られています。

キッシンジャー元国務長官が提唱した、G2構想というものがありました。これは旧ソ連勢力を後退させ、アメリカと中国が二大巨頭として世界をリードしていくというものです。米中新冷戦とまでいわれるいまでは理解しづらい発想ですが、2000年頃まではこのG2構想が生きていたと思われます。2000年前後、アメリカのウォール街関係者が中国に日参し、莫大な量のドルを中国に投資していました。アメリカが資金を供給し、中国が物質的生産を担うことでアメリカ金融資本は巨額の利益をあげ、一方中国は経済発展を遂げて世界経済を牽引しました。

しかしいつの時代も高度経済成長はバブルを生み、バブルは必ず崩壊します。私は、「中国の経済バブルは、実質的にはもう崩壊している」と何度も発信していますが、中国バブルの崩壊が明らかになるにつれてアメリカは中国から離れていく方向に舵を切りました。これがいまの米中新冷戦へと至ります。

総理就任直後に中国との国交正常化を果たした田中角栄元総理は、アメリカに先駆けて中国との経済連携を推し進めようとしていました。これがアメリカの逆鱗《げきりん》に触れたと思われます。実際、キッシンジャー元国務長官が当時、「ジャップは裏切り者」と田中内閣を批判していたことが米公文書によってわかっています。

田中角栄元総理の有罪を決定づけたロッキード社・コーチャン元副会長の嘱託尋問調書は、アメリカが作ったものでした。日本の司法はその証拠能力を認め（一審、二審）、元総理を有罪としました。司法界では、いまもこの判示に異論があります。

国際政治上における権益の獲得合戦は一つ一つの案件が数十兆円規模です。それだけの金額がかかっていれば、極端な場合は戦争になります。何万人もの人命が犠牲になってもおかしくありません。１９６０～80年代のアメリカは、密かに他国の政治に介入して意に沿わない政権を転覆させる謀略を繰り返していました。以降、日本では対米自立的な政策を実行しようとした総理大臣は一人もいません。アメリカの既得権益に触れるようなことをすると政治生命が終わるとみな知っているからです。

その結果、日本国民の実質所得はどんどん下がっています。特に若年層の困窮が数字でも明らかで、いまや20代単身世帯の45％が貯蓄ゼロです。日本国の指導者が国民を守ることを放棄し、国際金融資本に迎合してしまったわけですから、それも当然です。

中国に抜かれたとはいえ、日本はいまだＧＤＰ世界３位の経済大国です。そんな豊かな国で、若者たちが困窮したり、お年寄りが生活苦で自殺するなど、どう考えてもおかしな話です。

私たちオリーブの木は「対米自立」を活動理念の中核に掲げてきました。「対米自立」は「反米」ではありません。自立するということです。国際政治経済において皆、必死で競争しているのです。おかしいものはおかしい、日本国としてこれだけは譲れない、としっかりと主張していく。それができないなら、この国は本当に滅んでしまいます。

課題は山積しています。しかし「この国を守りたい」、そう考える人たちは確実に増えています。そういう人たちと一緒にこの国を変えていきたいのです。皆で力を合わせて頑張っていきましょう。今後ともよろしくお願いいたします！

末筆になりますが、本書の出版にあたり、ご協力ご助言いただきました皆さま、ならびに日々「オリーブの木」の活動を支えてくださっている皆さまに、心より感謝申し上げます。

２０２０年７月

黒川敦彦

本文中使用写真提供：共同通信社（p39、p60、p85、p117、p153）
時事通信社（p28、p79、p105）
朝日新聞社（p119）
Getty Images（p133）

黒川敦彦

1978年、愛媛県今治市出身。大阪大学工学部卒業後、国立研究開発法人新エネルギー・産業技術総合開発機構の研究員として大阪大学の大学発ベンチャーの設立支援業務に従事する。大阪大学歯学部発ベンチャー企業の株式会社アイキャットを設立、代表取締役CEOとして製品化・マーケティング体制構築の実務に従事(のち退社)。技術系ベンチャー十数社を設立、ベンチャー企業への投資、経営支援業務に従事する。

リーマン・ショックを機に金融業界を離れ、2011年春、今治に帰郷し農業と政治活動を始める。地元今治で加計学園問題を追及する社会運動を起こし、2017年安倍晋三総理のおひざ元山口4区から衆院選出馬。政治団体「オリーブの木」を設立、代表となり、2019年参院選に候補者10名を擁立。

2018年からYouTube上での発信を開始して爆発的な人気を獲得、2020年7月現在20万人を超えるチャンネル登録者がいる。

著書に『ソフトバンク崩壊の恐怖と農中・ゆうちょに迫る金融危機』(講談社+α新書)。

講談社+α新書 824-2 C

ソフトバンク「巨額《きょがく》赤字《あかじ》の結末《けつまつ》」とメガバンク危機《きき》

黒川敦彦《くろかわあつひこ》 ©Atsuhiko Kurokawa 2020

2020年8月19日第1刷発行

発行者——— **渡瀬昌彦**

発行所——— **株式会社 講談社**
東京都文京区音羽2-12-21 〒112-8001
電話 編集(03)5395-3522
販売(03)5395-4415
業務(03)5395-3615

デザイン——— **鈴木成一デザイン室**

カバー写真——— **時事通信社**

カバー印刷——— **共同印刷株式会社**

印刷——— **豊国印刷株式会社**

製本——— **牧製本印刷株式会社**

本文組版——— **朝日メディアインターナショナル株式会社**

定価はカバーに表示してあります。

落丁本・乱丁本は購入書店名を明記のうえ、小社業務あてにお送りください。

送料は小社負担にてお取り替えします。

なお、この本の内容についてのお問い合わせは第一事業局企画部「+α新書」あてにお願いいたします。

本書のコピー、スキャン、デジタル化等の無断複製は著作権法上での例外を除き禁じられています。本書を代行業者等の第三者に依頼してスキャンやデジタル化することは、たとえ個人や家庭内の利用でも著作権法違反です。

Printed in Japan
ISBN978-4-06-520842-7

講談社+α新書

全身美容外科医 道なき先にカネはある
高須克弥
「整形大国ニッポン」を逆張りといかがわしさで築き上げた男が成功哲学をすべて明かした！
880円 821-1 A

世界のスパイから喰いモノにされる日本 MI6、CIAの厳秘インテリジェンス
山田敏弘
世界100人のスパイに取材した著者だから書ける日本を襲うサイバー嫌がらせの恐るべき脅威！
880円 822-1 C

空気を読む脳
中野信子
日本人の「空気」を読む力を脳科学から読み解く。職場や学校での生きづらさが「強み」になる
860円 823-1 C

ソフトバンク崩壊の恐怖と農中・ゆうちょに迫る金融危機
黒川敦彦
巨大投資会社となったソフトバンク、農家の預金等108兆を運用する農中が抱える爆弾とは
840円 824-1 C

ソフトバンク「巨額赤字の結末」とメガバンク危機
黒川敦彦
コロナ危機でますます膨張する金融資本。崩壊のXデーはいつか。人気YouTuberが読み解く。
840円 824-2 C

次世代半導体素材GaNの挑戦 22世紀の世界を先導する日本の科学技術
天野浩
ノーベル賞から6年――日本発、21世紀最大の産業が出現する!! 産学共同で目指す日本復活
880円 825-1 C

会計が驚くほどわかる魔法の10フレーズ
前田順一郎
この10フレーズを覚えるだけで会計がわかる！「超一流」がこっそり教える最短距離の勉強法
900円 826-1 C

ESG思考 激変資本主義1990―2020、経営者も投資家もここまで変わった
夫馬賢治
世界のマネー3000兆円はなぜ本気で温暖化対策に動き出したのか？ 話題のESG入門
880円 827-1 C

内向型人間が無理せず幸せになる唯一の方法
スーザン・ケイン 古草秀子 訳
成功する人は外向型という常識を覆した全米ミリオンセラー。孤独を愛する人に女神は微笑む
900円 828-1 A

トヨタ チーフエンジニアの仕事
北川尚人
GAFAも手本にするトヨタの製品開発システム。その司令塔の仕事と資質を明らかにする
880円 829-1 C

ダークサイド投資術 元経済ヤクザが明かす「アフター・コロナ」を生き抜く黒いマネーの流儀
猫組長（菅原潮）
恐慌と戦争の暗黒時代にも揺るがない「王道の投資」を、元経済ヤクザが緊急指南！
880円 830-1 C

表示価格はすべて本体価格（税別）です。本体価格は変更することがあります